阪和線、紀勢本線

1960〜2000年代の思い出アルバム

解説 辻 良樹

六十谷〜紀伊中ノ島間の紀の川（紀ノ川）で朝陽を浴びて走る103系。ガーダー橋時代の紀ノ川橋梁とともにシルエットで浮かび上がるシーン。六十谷と書いて「むそた」と読む。紀の川は大台ヶ原から紀伊山地を流れ紀伊水道へ至る河川。
◎紀伊中ノ島〜六十谷　1986（昭和61）年11月　撮影：安田就視

.....Contents

旧型国電が走っていた当時の阪和線。大
阪市と堺市の境を流れる大和川は旧型国
電撮影の有名撮影地だった。先頭のクハ
79形は三段窓。阪和線や片町線は比較的
遅くまで旧型国電が運用され、京阪神で
旧型国電を撮影したいファンは阪和線に
集まった。
◎杉本町～浅香
1975（昭和50）年7月26日
撮影：野口昭雄

阪和線、紀勢本線の沿線地図

建設省国土地理院発行「1/25000地形図」

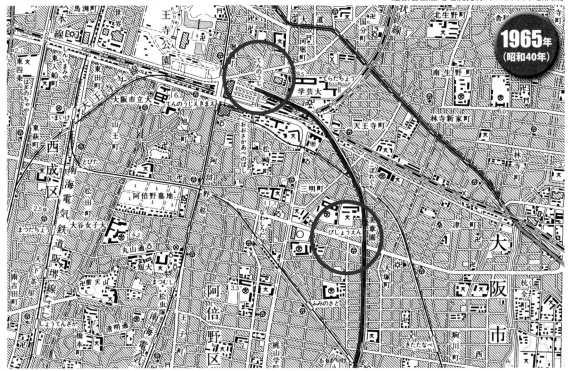

天王寺駅は地図中央上。東西に関西本線、右上へ向かって大阪環状線で次駅は寺田町。天王寺駅の阪和線ホームは、駅の北に記された駅記号の位置。阪和電気鉄道時代からの頭端式ホームを擁する駅構内の様子がよくわかる。そして、大阪環状線や関西本線を高架線でオーバークロスして南下する阪和線の姿もよくわかる。

建設省国土地理院発行「1/25000地形図」

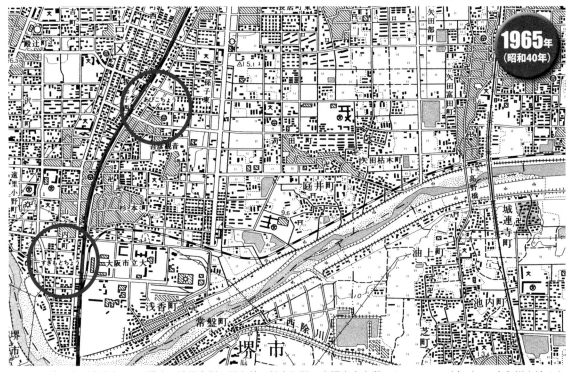

大和川を境に上が大阪市、下が堺市。地図左側に阪和線の杉本町駅。大阪市立大学のキャンパスが広がる。大和川を渡ると浅香駅。大和川に沿う路線は、八尾〜杉本町間の関西本線貨物支線で廃線になっている。

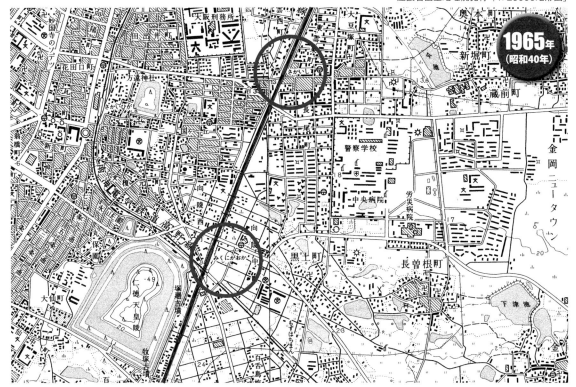

堺市駅は1965（昭和40）年に金岡駅から堺市駅へ改称して間もない頃。次駅は三国ケ丘駅。南海の駅は三国ヶ丘で表記がやや異なる。仁徳天皇陵の東側を阪和線は通り、最寄り駅の百舌鳥駅へ向かう。

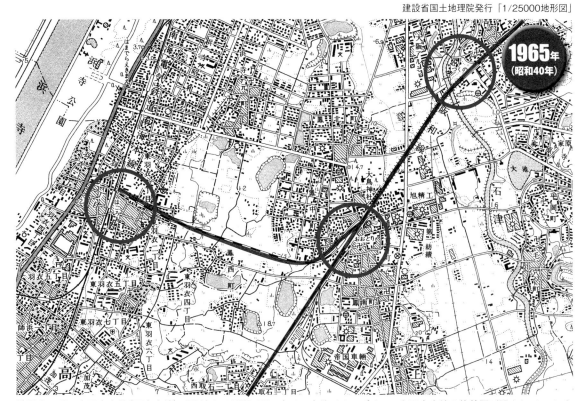

地図中ほどに東羽衣支線（羽衣支線）が分岐する鳳駅。西へ向けて支線がカーブする。東羽衣支線の終着駅が記されているが、隣の南海電気鉄道の羽衣駅のみ「はごろも」と記され、隣の国鉄駅のほうは「ひがしはごろも」と記されていない。東羽衣駅の「ひがしはごろも」は表記省略のようだ。両駅とも浜寺公園が近く、東羽衣駅は阪和電気鉄道支線の阪和浜寺駅として開業した。

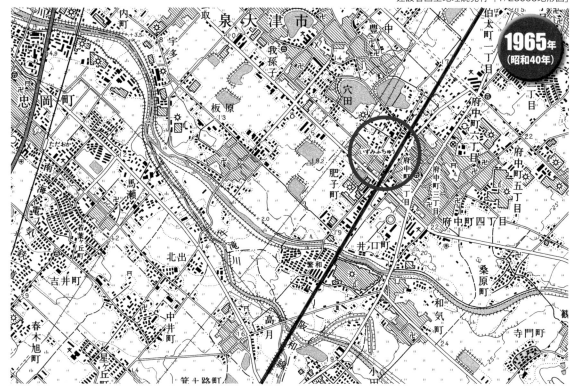

和泉府中駅は、1929（昭和4）年に阪和電気鉄道が開業した当時の終着駅。翌年には阪和東和歌山駅（現・和歌山駅）まで延伸する。和泉府中駅の東側に広がる市街地は和泉市の古くからの中心地である府中町。市街地の周辺にはまだ田の地図記号が見られるが、現在は開発が進み一変している。

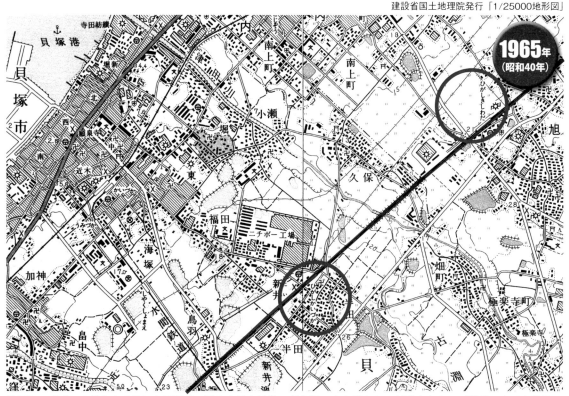

地図にニチボー工場とある横に東貝塚駅。駅は大日本紡績の貨物積み出し駅として新設されたのが発祥。大日本紡績は1964（昭和39）年にニチボーとなり1969（昭和44）年にユニチカへ。女子バレーボールチームが名門チームとして知られた。工場跡地の一部は、貝塚市の歴史展示館になっている。

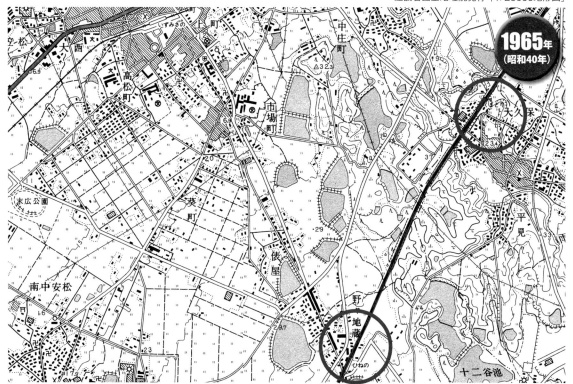

熊取駅は地図の右側、大久保に所在。熊取町の町域は阪和線を含んだ位置から東側。ため池などが広がる駅の西側一帯は泉佐野市で、ため池は現在も多く点在する。地図には入っていないが、熊取町にもため池は多く現存し、大阪府のため池の数は国内有数。農業用水のほか洪水対策のためでもある。

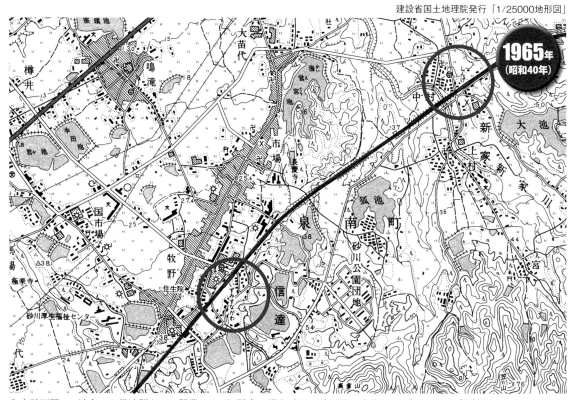

和泉砂川駅は、地名から信達駅として開業したが、駅名は阪和砂川や砂川園へ改称し、国有化時に和泉砂川駅になった。この砂川という呼び名は、まるで砂が流れるような景観だった「砂川奇勝」が由来で、洪積層の地質の隆起によって形成された独特な渓谷であった。阪和電気鉄道は砂川遊園を開園して観光客誘致を行い、名所として知られた。砂川遊園は地図の砂川公園団地を含む一帯に広がっていた。

建設省国土地理院発行「1/25000地形図」

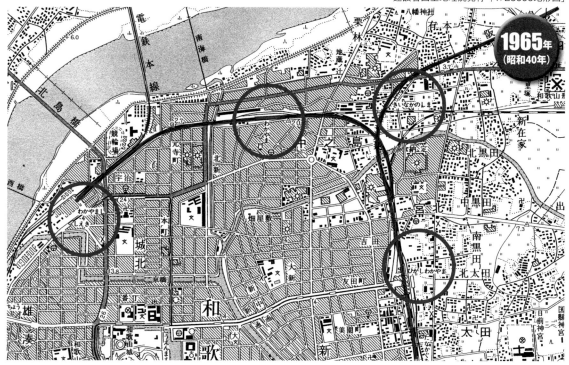

現在の和歌山駅が東和歌山駅の時代（和歌山駅への改称は1968年）。東和歌山駅は地図右下あたり。一方、現在の紀駅が当時の和歌山駅で、紀勢本線と和歌山線の接続駅。地図中央上に見られる。右側へ目を移すと、阪和線と和歌山線が交差するあたりに紀伊中ノ島駅。当時は田井ノ瀬〜紀伊中ノ島〜和歌山（現・紀和）〜和歌山市間のルートが和歌山線の本線だった。しかし、1972（昭和47）年に紀和〜和歌山市間が紀勢本線へ編入し、田井ノ瀬〜紀伊中ノ島〜紀和間は和歌山線の支線に。地図にある田井ノ瀬〜和歌山間の短絡線が和歌山線の本線になり旅客営業を開始した。1974（昭和49）年に田井ノ瀬〜紀伊中ノ島〜紀和間が廃止され、やがて地図から消える。つまり、トライアングル状の上の直線部分が消えた。

建設省国土地理院発行「1/25000地形図」

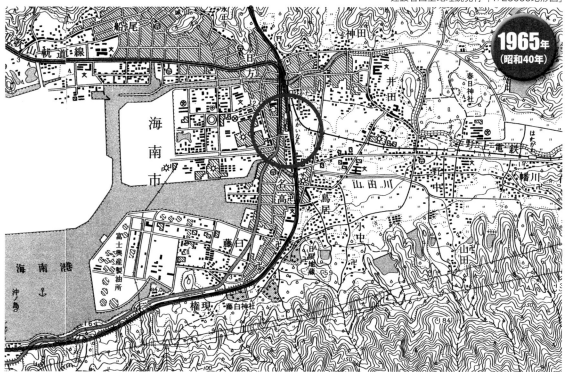

地図の中心に国鉄海南駅。地図の左から海南駅方面へ向かうのは南海和歌山軌道線。国鉄駅前に海南駅前駅があったが、1971（昭和46）年に廃線になった。国鉄駅の右側には野上電気鉄道。国鉄海南駅との連絡のため、日方駅構内に連絡口駅があった。

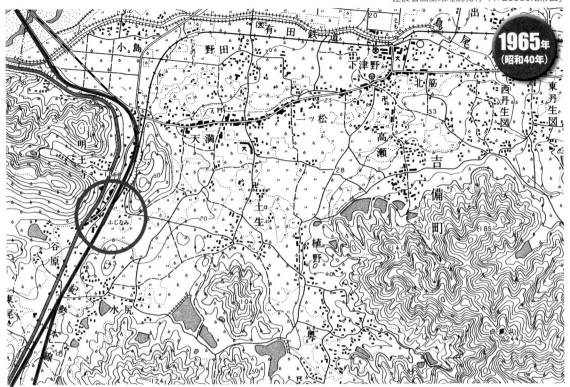

1965年
（昭和40年）

藤並駅は地図左側。有田鉄道が乗り入れていた紀勢本線湯浅駅は地図の南方面。藤並駅から北東へ向けて有田鉄道が分岐する。田殿口駅、下津野駅と続き、ミカン畑を示す果樹園の地図記号が一面に広がっている。

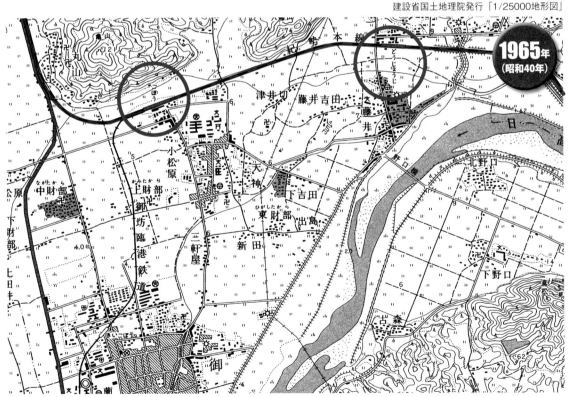

1965年
（昭和40年）

現在の御坊駅付近は市街地の北という印象だが、当時の地形図を見ると、駅の周辺には田の記号が広がり水田だったとわかる。市街地は駅よりも南に位置し、御坊臨港鉄道（現・紀州鉄道）が国鉄駅と市街地を結ぶ。

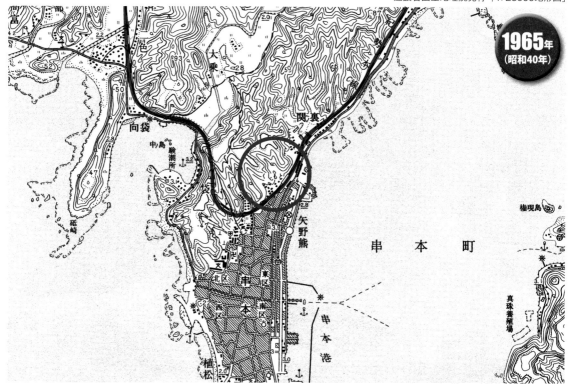

南下してきた紀勢本線は、串本町を境にして今度は新宮方面へ北上する。Uの字型の紀勢本線の右に串本駅があり、当時の地図の市街地表記の北に駅が位置する。駅は本州最南端の駅で、本州最南端の潮岬はさらに南である。

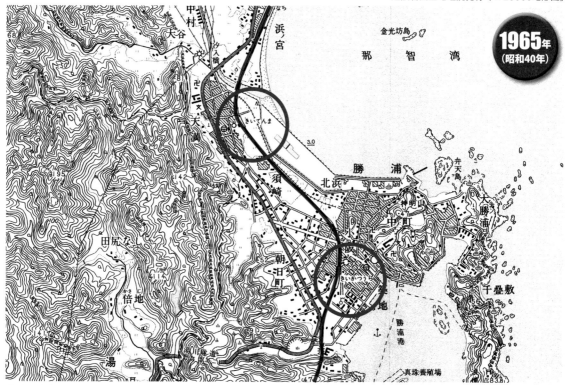

勝浦の市街地の南西、築地に紀伊勝浦駅がある。駅名は紀伊勝浦駅だが、町名は那智勝浦町。那智町と勝浦町などが1955(昭和30)年に合併して誕生した町名。地図右側に千畳敷が見られるなど、観光地として名高い。

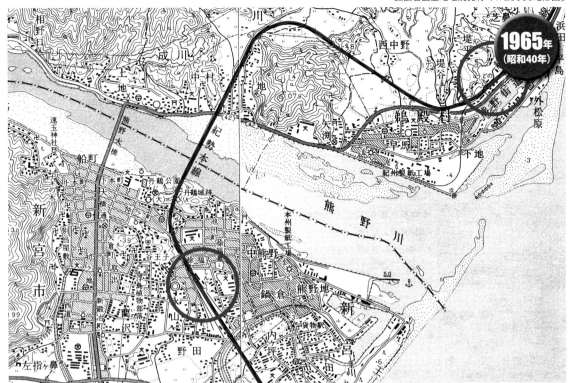

熊野川の河口に広がる新宮市の市街地。熊野川を渡る紀勢本線は撮影名所でもあるとともに、和歌山県と三重県の県境でもある。対岸の三重県側には紀州製紙の工場と鵜殿村があり、鵜殿駅から専用線が分岐している。鵜殿駅は製紙会社の専用貨物を長く取り扱い、2013（平成25）年まで定期貨物列車が発着した。製紙の村として栄えた鵜殿村は2006（平成18）年に紀宝町と合併するまで存在し、日本一人口密度が高い村として知られた。

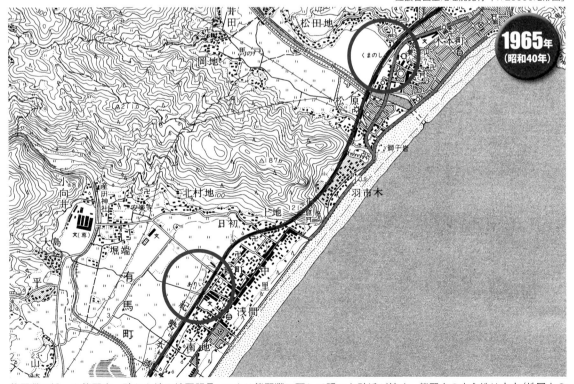

熊野灘に沿った熊野市。砂れき地の地図記号、つまり熊野灘に面して延々と砂浜が続く。熊野市の中心地は木本（地図上の市街地）。木本と書いて「きのもと」と読み、熊野市駅へ改称する前の駅名は、紀伊木本駅だった（地図当時は熊野市駅へ改称後）。

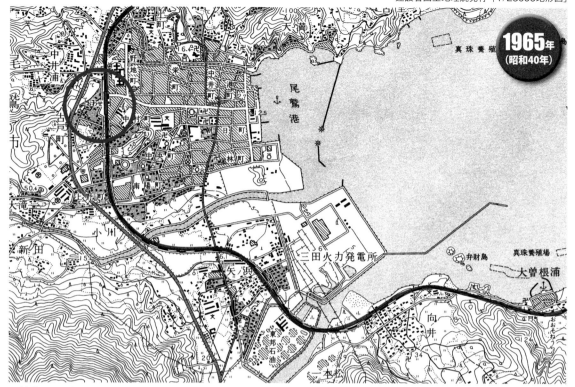

尾鷲湾から山側に向かって市街地が広がり、尾鷲駅は山側の市街地西側に位置する。1959（昭和34）年に「おわせ」と駅名読みを変更するまでは、「おわし」と読む駅名だった。地図中央、尾鷲湾に張り出した三田火力発電所は2018（平成30）年に廃止された。

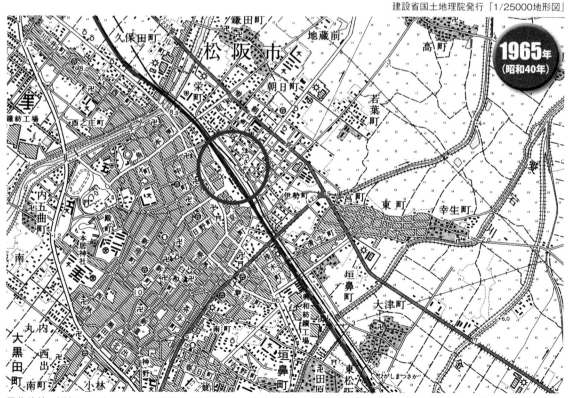

電化路線の近鉄山田線と並行する非電化の紀勢本線。地図中央に松阪駅。読みは市名も同じで濁らない「まつさか」。駅は国鉄と近鉄の駅が並ぶ。1964（昭和39）年に廃止されるまで三重電気鉄道松阪線が乗り入れていた。地図上で紀勢本線と名松線が分岐する。

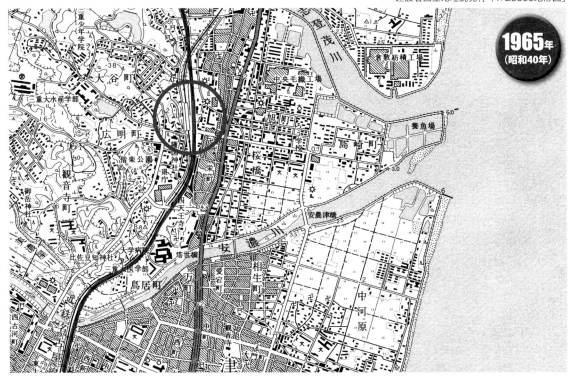

三重県の県庁所在地津市。駅は津市の中心駅かつ県の代表駅（市販時刻表の地図の凡例より）。日本一短い駅名「つ」として知られ、地形図でも駅名の「つ」を探すのに苦労する（「つ」と一文字なので、地図記号が多い地形図では特に駅名を見つけにくい）。紀勢本線と並行するのは近鉄名古屋線。国鉄伊勢線（現・伊勢鉄道伊勢線）は未開業。

亀山駅は関西本線と紀勢本線の接続駅で、交通の要衝として賑わった。地図当時は、四日市〜津間を特急などが短絡する国鉄伊勢線（現・伊勢鉄道伊勢線）が開業前で、名古屋発着の紀勢本線直通優等列車は全て亀山駅を経由した。古くからジャンクションとして栄え、戦前から戦後にかけては、伊勢神宮参拝客を乗せた多くの列車が亀山駅を発着した。1959（昭和34）年の紀勢本線全通と同時に多気駅以北の参宮線が紀勢本線へ編入して参宮線分岐駅から紀勢本線分岐駅になった。地形図を見ると、駅の西側に亀山機関区や客貨車区が広がり、往時の栄華を感じさせる。関西本線加太越えの蒸気機関車前線基地としても知られた。

まえがき

　天王寺から今や懐かしい381系「くろしお」に乗車すると、あっという間に阪和線を通り過ぎ、和歌山から先の風光明媚な車窓風景が広がった。

　現在は紀勢本線の新宮まで電化路線だが、この写真集に掲載の多くの写真はまだ非電化の時代である。キハ82系の特急「くろしお」が名古屋〜天王寺間で運行され、多くのディーゼル急行、あるいは時代によっては準急が走っていた。それら準急や急行に目を付けた南海は、戦前から行ってきた南紀直通の中止を経て再開を果たし、南海自社の併結用客車に加えて、キハ55系同様の気動車を自社で製造して直通した。南紀は新婚旅行でも人気があった時代で、高速道路が整備されていない時代にあって、輸送の王様だった。

　紀勢東線と紀勢西線に分断していた紀伊半島の国鉄路線が、1959（昭和34）年、ついに結ばれて全通。紀勢本線となった。

　一方、阪和線では、阪和電気鉄道以来の社形電車や旧型国電が昭和の頃に多く運用されていた。そして、今や懐かしい103系や113系新快速なども。往年の社形電車、旧型国電、通勤形、近郊形電車の魅力を感じられるのも、本書の魅力である。

2022年3月　辻 良樹

C5762号機牽引の準急「くまの」。1959（昭和34）年に紀勢東線と紀勢西線が結ばれて全通し、運行区間を名古屋〜天王寺間へ延長した。◎名古屋　1960（昭和35）年3月　吉村光夫

1章

カラーフィルムで記録された

阪和線、紀勢本線

キハ55系による準急「第2きのくに」。準急色と呼ばれ、赤帯が入っていた。キハ55系は、全国に準急気動車の運行を根付かせ、地方線区の高速化にも貢献した。駅通過のため、タブレット入のキャリアをホームの通票受器へ掛けようとするシーンが写る。◎朝来　1959 (昭和34) 年11月20日　撮影：荻原二郎

阪和線

天王寺駅を南西側から東へ向けて見た構内の様子。奥が阪和線でスカイブルーの103系が写り、手前は関西本線や大阪環状線。天王寺駅は1889（明治22）年5月に初代大阪鉄道（後に関西鉄道となり国有化で関西本線に）の駅として開業。上町台地に掘割を築いて建設された。一方、阪和線の駅は1929（昭和4）年7月に阪和電気鉄道（後に南海を経て国有化で阪和線に）の駅として開業した。
◎天王寺　1984（昭和59）年1月29日
撮影：安田就視

阪和電気鉄道時代に建設された高架線を走る白帯付きの103系。白帯はATS-SWの設置を示すために入れられ、他車への設置が進むと、識別を示した白帯は消された。阪和線に103系が投入されたのは、1968（昭和43）年10月のダイヤ改正時。関西で初めての103系配置だった。◎天王寺　1998（平成10）年11月　撮影：安田就視

関西国際空港の開港により関空快速が運行されることになり、1994（平成6）年に223系0番台が登場した。写真は関空快速で運用中の同番台。当時は写真のように2両編成と組む編成だった。◎天王寺　1998（平成10）年11月　撮影：安田就視

和歌山〜新宮間電化完成を祝うポールが立ち、テープカットやくす玉の準備が整ったシーンが見られる。電化によって、天王寺〜新宮間に振子式直流特急形電車381系を投入し、エル特急「くろしお」が登場。381系の自然振り子方式で曲線通過速度のアップが図られ、紀勢本線に新しい息吹を吹き込んだ。◎天王寺　1978（昭和53）年10月　撮影：野口昭雄

阪和線での221系の運用は、奈良電車区配置車だった。2000（平成12）年から定期運用され、2010（平成22）年まで快速で走った。表示幕の快速の下のラインには阪和線のラインカラーであるオレンジが見られる。◎天王寺　2009（平成21）年8月2日

阪和線を走るキハ58系。写真は回送幕だが、当時はディーゼル急行「きのくに」が紀勢本線直通で運行され、阪和線でキハ58系を見ることができた。ただし、急行「きのくに」は、写真の翌年、1985（昭和60）年3月のダイヤ改正で廃止になっている。
◎鶴ケ丘〜南田辺　1984（昭和59）年1月29日　撮影：安田就視

私鉄ターミナル駅を思わす頭端式で、両扉開き可能なプラットホームが並ぶ阪和線のりば。写真右側が5番のりばで快速用、写真左側が普通用の6番のりば。明かり採りが見られる大きな上屋がターミナル駅らしい雰囲気を醸し出している。
◎天王寺　1982（昭和57）年8月
撮影：安田就視

現在のように特急しか優等列車が走らない時代とは異なり、当時の特急は本数が少なく、座席指定が当たり前の時代で、まさに特別急行列車だった。天王寺の次は和歌山が停車駅で、通勤路線の阪和線を貫禄いっぱいで経由した。写真の「くろしお」は7両編成で、この両数から10両編成の天王寺〜名古屋間の「くろしお」ではなく、天王寺〜白浜間もしくは天王寺〜新宮間の「くろしお」と思われる。
◎鶴ケ丘　1974（昭和49）年10月5日
撮影：大浦浩一（諸河久フォト・オフィス）

長池沿い。現在は阪和線の高架化で過去の鉄道風景。撮影当時は阪和線を走るディーゼル急行は珍しくなく、ディーゼル特急「くろしお」よりも急行の本数が断然多かった。写真のように紀勢本線電化前はひっきりなしにディーゼル急行が電化路線の阪和線を行き交った。
◎鶴ケ丘〜南田辺
1974（昭和49）年10月5日
撮影：大浦浩一（諸河久フォト・オフィス）

ウグイス色の103系でクハ103-45ほかの
6連。当時は、首都圏で運用されていた
103系が阪和線へ転属することがあり、
首都圏で運転していたままのカラーで転
属当初は運用され、前面に黄色の警戒帯
を付けていた。行先幕は天王寺-東岸和田。
◎南田辺～鶴ケ丘
1974（昭和49）年10月5日
撮影：大浦浩一（諸河久フォト・オフィス）

70系スカ色。4扉車も多かった阪和線にあって、3扉の旧型国電はとてもスマートな印象だった。写真の70系による区間快速はファンに人気で、颯爽と駅を駆け抜けた。すでに113系が投入されていた阪和線だが、まだまだ70系も現役であった。
◎鶴ケ丘〜南田辺
1974（昭和49）年10月5日
撮影：大浦浩一（諸河久フォト・オフィス）

南田辺〜鶴ケ丘間の長池沿いを走る381系特急「くろしお」。左に写るのは在りし日のシャープの本社。現在のこのあたりは高架線で、撮影地として知られた南田辺〜鶴ケ丘間の長池沿いの姿は大きく変わった。
◎鶴ケ丘　1984（昭和59）年1月29日　撮影：安田就視

天王寺〜和歌山間の快速に運用される113系の春日色。春日色とは、奈良〜湊町（現・JR難波）間の電化に伴い登場した関西線快速色である。天王寺〜鳳間の快速の途中停車駅は堺市のみで、鶴ケ丘を颯爽と通過。鳳以南では、当時の日根野駅は同駅始発・終着の天王寺〜日根野間の快速のみ停車駅で、他の快速は通過駅だった。
◎鶴ケ丘　1984（昭和59）年1月29日　撮影：安田就視

快速に運用の113系阪和色。1978（昭和53）年10月のダイヤ改正で阪和線から新快速が姿を消し、快速へ統合された。写真は地上時代の鶴ケ丘駅プラットホームから撮影したもの。◎鶴ケ丘　1984（昭和59）年1月29日　撮影：安田就視

113系阪和色による新快速。1972（昭和47）年3月のダイヤ改正で天王寺～和歌山間に登場。東海道・山陽本線の新快速が113系から153系急行形電車へ置き換えられ、阪和線に113系の新快速が設定された。153系新快速と同様の塗色で、羽根付のヘッドマークを掲げた。◎鶴ケ丘　1977（昭和52）年9月　撮影：野口昭雄

阪和線沿線の発展とともに歩んだスカイブルーの103系。写真は鶴ケ丘駅で上下の電車が行き交うシーン。写真奥に写るのは長池。左側に写るクモハ103の戸袋窓やHゴムが今や懐かしい。鶴ケ丘駅は、長居陸上競技場の最寄り駅。
◎鶴ケ丘　1984(昭和59)年1月29日　撮影：安田就視

地上駅時代の鶴ケ丘駅は、相対式ホーム
２面２線で駅の所在地は東住吉区だっ
た。駅周辺の踏切は開かずの踏切として
知られたが高架化で解消された。島式
ホーム２面４線の高架駅となり、駅の所
在地は阿倍野区である。
◎鶴ケ丘　1984（昭和59）年１月29日
撮影：安田就視

103系日根野行。体質改善工事施工車や延命車による、オレンジとウグイス色の混色編成。阪和線はスカイブルーだが、車
両の編入が多い103系では、しばしばこのようなシーンに出会うこともあった。◎鶴ケ丘　2011（平成23）年７月23日

浅香駅を発車して天王寺方面へ向かうクモハ73ほか。浅香駅は堺市、大和川橋梁を
渡った先は大阪市だ。奥には大和川を越えた先の隣駅である杉本町駅が写り、スカ
イブルーの103系が見える。写真右側には大阪市立大学のキャンパスが広がる。
◎浅香　1969（昭和44）年12月24日　撮影：荻原俊夫

381系特急形電車で運用された「はんわライナー」。座席整理券を購入し
て乗車できるホームライナーで、元は日根野電車区へ入区する381系を
活用した「ホームライナーいずみ」が出発点。1986（昭和61）年11月の
ダイヤ改正で天王寺〜和歌山間の「はんわライナー」としてデビューし、
2011（平成23）年3月に最後の運行を終えて廃止された。
◎浅香　2008（平成20）年9月9日

「くろしお」と同様に、当時非電化の紀勢本線へ直通する急行はディーゼルカーで運行されていた。写真は阪和線大和川橋梁で後追い撮影した一枚。阪和線には、天王寺発着の急行「紀州」や「きのくに」が走った。
◎浅香
1976（昭和51）年7月25日
撮影：長谷川 明

大和川橋梁を行く旧型国電の72系。写真手前はクハ79形。区間快速に運用のシーンで、阪和線は遅くまで旧型国電の宝庫だった。浅香駅は、今も昔もプラットホームから橋梁上を走る電車を撮影できる人気の撮影スポットだ。
◎浅香
1976（昭和51）年7月
撮影：長谷川 明

「春日色」こと「関西線快速色」の113系。天王寺〜鳳間で快速運転を行う区間快速が写る。大和川を渡り、通過する浅香駅のプラットホームへ迫って来るところ、前面には、表示が隠された蝶板を広げたようなマークが付く。
◎浅香
1976（昭和51）年7月25日
撮影：長谷川 明

阪和線を走るキハ82系特急「くろしお」。阪和線は阪和電気鉄道以来の電化路線だが、当時の紀勢本線は非電化のため、ディーゼル特急で運転された。写真の2年後にあたる1978（昭和53）年10月2日の新宮電化により、特急「くろしお」はキハ82系から381系となり、運転区間が天王寺～名古屋間から天王寺～新宮間になった。
◎浅香
1976（昭和51）年7月
撮影：長谷川 明

快速天王寺行でクハ55309が写る。クハ55形の300番台で、同番台はサハ57形に運転台を取り付けた改造車である。写真奥が和歌山方面、手前が天王寺方面。盛土の上にプラットホームがあり、やや高い位置に感じる。写真右側には46年前の駅周辺の様子が写る。
◎浅香
1976（昭和51）年7月
撮影：長谷川 明

浅香駅は1937（昭和12）年に阪和電気鉄道の阪和浅香山停留所として開業した駅。写真には、
通過中の72系区間快速が写る。先頭車はクモハ73形。編成の側面には三段窓が並ぶ。プラットホームは、和歌山寄りがカーブした相対式ホームである。
◎浅香
1976（昭和51）年7月
撮影：長谷川 明

鳳ー東羽衣間の行先幕と103系。支線は単線で折り返し運用を行う。写真左側のホームが乗車用で、右側が降車用ホーム。
現在は写真右側の降車用ホームは閉鎖され利用できず、左側のホームは4両編成化に対応したホームへ改築された。
◎東羽衣　1982（昭和57）年8月　撮影：安田就視

阪和線最後の103系運用区間となった羽衣支線（東羽衣支線）。2018（平成30）年3月16日まで運用されていた。羽衣線の幕
を表示し、ワンマン運転で走る103系スカイブルーの体質改善工事施工車。鳳〜東羽衣間1.7kmの羽衣支線の高架化は1974
（昭和49）年のことだった。◎東羽衣〜鳳　2017（平成29）年9月17日

春の国鉄分割民営化から5ヶ月後の東羽衣支線で、夏から東羽衣支線で運用を開始した123系が写る。クモニ143-7、クモニ143-8から改造されたクモハ123-5＋クモハ123-6。写真は2両ペアでの運行だが、単行で運行することもあった。
◎東羽衣〜鳳　1987（昭和62）年9月11日　撮影：高木英二（RGG）

泉州沖に建設された人工島の関西国際空港へアクセスする関西空港線。阪和線日根野駅から分岐し、りんくうタウン駅を経て関西空港駅へ至る。写真は、関西国際空港へのアクセス特急「はるか」で281系。3750mの空港連絡橋を渡るシーンだ。なお、南海空港線もJRと同じ空港連絡橋の線路を走行する。◎関西空港〜りんくうタウン 2018（平成30）年10月18日

29キロポスト付近を走るぶどう色の
ED60形。ED60形は中型の直流電気機関
車で、阪和線の主力機として活躍。写真
は4号機が牽引する紀勢線直通列車。当
時の紀勢本線は非電化路線だったが、電
化路線の阪和線では電気機関車が客車列
車を牽引した。
◎和泉橋本〜東貝塚
1964（昭和39）年12月19日
撮影：J.WALLY HIGGINS（NRA）

阪和線は阪和電気鉄道が開業した路線。
南海への合併で南海山手線時代を経て、
国有化によって阪和線になった。その阪
和電気鉄道以来の社型電車であるクハ25
形が試運転マークを付けて写る。写真は
阪和線が水間鉄道をオーバークロスする
付近での撮影。
◎東貝塚～和泉橋本
1964（昭和39）年12月19日
撮影：J.WALLY HIGGINS（NRA）

東和歌山（現・和歌山）へ向かって走る阪和色時代の70系を後追いした写真。直行の標識を付けて走る昔日のシーン。国鉄の優等列車とは異なる性格として、阪和線で「特急」や「急行」と呼ばれた種別があり、紀勢本線の優等列車と区別するために、特急を快速、急行を直行へ変更した。後に直行は区間快速へ呼び名を変えた。
◎東貝塚〜和泉橋本　1964（昭和39）年12月19日　撮影：J.WALLY HIGGINS（NRA）

新快速用として阪和線に登場したブルー
ライナー色の113系は、阪和線の新快速
廃止後も活躍。写真は日根野〜長滝間を
走る113系阪和色。日根野駅は関西空港
線の分岐駅。日根野駅の南、日根野〜長
滝間に日根野電車区（現・吹田総合車両
所日根野支所）がある。
◎日根野〜長滝
1998（平成10）年11月
撮影：安田就視

381系特急「スーパーくろしお」。パ
ノラマグリーン車のクロ380形が写
る。写真はリニューアル前の塗色時
代。関西国際空港が開港した1994（平
成6）年9月に日根野駅は「くろしお」
「スーパーくろしお」の一部列車の停
車駅へ昇格した。
◎日根野〜長滝
1998（平成10）年11月
撮影：安田就視

雄ノ山峠は大阪府と和歌山県の府県境付近に位置する峠。山中渓駅はそんな山間の雰囲気に包まれた駅で、周辺もそのような沿線。都会の通勤電車である阪和線の103系スカイブルーが走る様子は、ミスマッチの魅力でもあった。
◎山中渓　1980（昭和55）年頃　撮影：野口昭雄

春景色の山中渓駅を行く381系リニューアル編成時代の特急「くろしお」。山中渓駅は桜の名所として知られる駅。毎年多くの鉄道ファンが撮影のために訪れる。オーシャンブルーの帯色をした381系が桜の色によくマッチしていた。
◎山中渓　2010 (平成22) 年4月4日

在りし日の阪和線205系のひとコマ。205系0番台による区間快速天王寺行。103系と共通で運用するため、103系に合わせた最高速度100km/hに抑え、110km/h運転への対応工事を施工せずに運用された。新製時から110km/h運転に対応した205系1000番台と区別するため、スカイブルーの帯色の下にオレンジのラインを入れた。
◎山中渓
2015（平成27）年3月31日

205系1000番台が写る。同番台は110km/h運転対応で、1988（昭和63）年から阪和線へ新製配置された。それ以来、他へ転属することなく、阪和線で長年運用を続け、2018（平成30）年3月のダイヤ改正で205系0番台とともに阪和線での運用を終了した。
◎山中渓
2015（平成27）年3月31日

山間を走るEF15形が牽引する貨物列車。タンク車や有蓋車が連なるシーンが写る。山中渓と書いて「やまなかだに」と読む。駅付近で大阪府と和歌山県の府県境付近に位置する雄ノ山峠を越える。
◎山中渓　1982（昭和57）年8月7日
撮影：野口昭雄

湘南型2枚窓のスタイルで3扉セミクロスシートの70系。1950年代に70系が新製配置され、さらに増備された阪和線。かつては「特急」や「急行」（後の「快速」や「直行」）のマークを付けて活躍した。写真は1970年代の阪和線70系でスカ色。紀ノ川橋梁を渡るシーンだ。5年後の1977（昭和52）年にはついに阪和線から70系が引退した。
◎六十谷～紀伊中ノ島　1972（昭和47）年9月17日　撮影：安田就視

紀ノ川橋梁の背景には、大阪府と和歌山
県の府県境に横たわる雄大な和泉山脈の
姿。写真にはDD51と12系の編成が渡る
シーンが写る。当時の紀ノ川橋梁はガー
ダー橋だったが、現在は2009（平成21）
年の橋梁付け替えによって、トラス橋へ
姿を変えている。
◎六十谷〜紀伊中ノ島
1972（昭和47）年9月17日
撮影：安田就視

延命工事が行われたウグイス色の103系。中間の2両は張り上げ屋根化された体質改善車で103系とは思えない丸みを感じる。延命工事を行った103系は戸袋窓が無くなり味気なく思っていたが、103系が次々と引退した今日では、このような過渡期の写真も懐かしく感じる。
◎六十谷〜紀伊中ノ島
1998 (平成10) 年11月24日
撮影：安田就視

紀勢本線

藤並駅の先で紀伊宮原駅へ向けて西へカーブを描き、有田川を渡り、紀伊宮原から箕島にかけて有田川と並行して走る。写真は有田川橋梁を渡る381系特急「くろしお」。この橋梁は1967(昭和42)年に架け替えられた新橋梁で、旧橋梁は南側に架かっていた。◎藤並～紀伊宮原　1986(昭和61)年4月　撮影：安田就視

海南駅を出て、線路が西へ向きを変える
と、やがて海沿いを走るようになる。冷
水浦と書いて「しみずうら」と読む。写
真は、加茂郷〜冷水浦間の海岸線をバッ
ク運転で進行中のC58形。煙がトンネ
ル側へ流れている。同区間の複線化は
1967（昭和42）年のことだった。
◎加茂郷〜冷水浦
1971（昭和46）年1月6日
撮影：安田就視

煙を棚引かせて有田川橋梁を行くD51牽
引の貨物列車。紀勢本線沿線は紀州みか
んの産地であり、多くのみかんが貨車で
運ばれた。写真の橋梁は架け替え後の新
橋梁。紀勢線の紀伊田辺以北の無煙化
は写真の翌年にあたる1973（昭和48）年
のことだった。
◎紀伊宮原〜藤並
1972（昭和47）年7月
撮影：安田就視

紀勢本線にしては珍しく積雪が見られるシーン。103系は和歌山駅以南でも運用されていた。写真当時の藤並駅からは有田鉄道が分岐。かつての有田鉄道は、藤並駅から紀勢本線へ乗り入れて湯浅駅まで運行していたが、1992（平成4）年12月に乗り入れを廃止。有田鉄道は2002（平成14）年12月31日に運行を終了。翌日の2003（平成15）年1月1日に廃止された。
◎藤並 1999（平成11）年2月　撮影：安田就視

貨車を連ねたD51が力強く紀伊由良駅を発車するシーン。ナンバーは930号機。写真左側には茶の旧型客車も写る。広い駅
構内に側線が並ぶ駅。臨港貨物支線が1968（昭和43）年に廃止されたが、同駅から分岐していた。
◎紀伊由良　1972（昭和47）年9月21日　撮影：安田就視

和佐〜稲原は御坊の南にあたる区間。同
区間を含む印南〜御坊間は海岸沿いでは
なく内陸部を走る。線路が若干稲原方面
へ向けて迂回しているが、これは紀勢西
線建設時に当時の村長の請願が実った
ためで、稲原村に紀勢西線が通るように
なった。御坊〜印南間は、1930（昭和5）
年12月に開通した。
◎和佐〜稲原
1971（昭和46）年1月7日
撮影：安田就視

D51牽引の貨物列車の後追いシーン。灰色の煙が棚引き、蒸気機関車撮影は後追いでも絵になる。紀伊由良駅は中心地から離れた内陸部に駅が設置され、それゆえ臨港貨物支線が敷設された。紀勢本線もこのあたりの区間では海岸付近を走行せず、内陸部を走る。
◎紀伊由良～紀伊内原
1972（昭和47）年9月21日
撮影：安田就視

紀州鉄道0番ホームのレールバス、キテツ1形キテツ1と紀勢本線の117系和歌山色。現在では見ることができない車両の並びである。紀州鉄道のキテツ1形は、富士重工業製のLE-Carで、北条鉄道からの譲渡車両。キテツ1形は2両あり、うち写真のキテツ1は有田川町鉄道公園で北条鉄道時代のカラーに復元して保存されている。
◎御坊　2013（平成25）年5月18日

印南〜御坊間に比べてやや海岸に近づく切目〜印南間。写真は単線時代の同区間を行くD51930号機。非電化単線だった半世紀前の様子。切目〜印南間の複線化は遅く、1977（昭和52）年のことであった。
◎印南〜切目　1971（昭和46）年1月7日　撮影：安田就視

岩代～切目間は、海岸に沿った国道42号と紀勢本線がカーブを描きながら並走する区間。車での撮影に適し、国道沿いからお手軽に蒸気機関車牽引列車を撮影するファンが多かった。写真に写るのはD51930号機。
◎切目～岩代
1971（昭和46）年1月7日
撮影：安田就視

海岸線を走るD51930号機。写真右側に入れた海が紀勢本線らしい。当時は非電化複線で、幹線を走る蒸気機関車の貫禄を備えていた。およそ7年後に和歌山～新宮間の電化が完成し、381系電車特急「くろしお」が駆け抜けるようになる。
◎岩代～切目　1971（昭和46）年1月7日　撮影：安田就視

特急「くろしお」の増発を1985（昭和60）年4月から485系で代替した時期があった。急行の特急「くろしお」への格上げによって381系が不足したからだった。しかし、振子式の381系よりも所要時間が長く掛かり、その差は明らかで、特急「やくも」の短編成化で余剰になった381系が転入すると、翌年11月に全て381系「くろしお」になり、485系「くろしお」は短い間の措置で終わった。◎岩代付近　1985（昭和60）年4月　撮影：野口昭雄

新宮〜和歌山市（末期は和歌山）間で運行されていたEF58＋12系客車による昼行普通客車列車。1986（昭和61）年11月のダイヤ改正前まで運行された。牽引機は紀勢本線を受け持った竜華機関区所属のEF58形。地形的にトンネルが多い紀勢本線でのライト切れに備えて、ブタ鼻と呼ばれたシールドビーム並列型の前照灯だった。12系客車の後ろには荷物車が連結され、写真当時は荷物取扱い駅が残っていた。◎岩代〜切目　1984（昭和59）年8月15日　撮影：高木英二（RGG）

D51牽引の貨物列車を名撮影地の岩代〜
南部間で撮影した写真。海や山容、線形
は変わらないが、当時は非電化のため架
線柱がなく、大変すっきりした写真が撮
影できた。このあたりは紀勢本線屈指の
絶景ポイントとして知られる。
◎岩代〜南部
1971（昭和46）年1月7日
撮影：安田就視

切目から岩代へ向けて駆ける381系特
急「くろしお」を後追い撮影。手前が和
歌山方面で向こうが新宮方面。山と海に
挟まれた紀勢本線の様子がよくわかる構
図。片持ちポールの架線柱が両側に並ぶ。
◎切目〜岩代　1986（昭和61）年11月
撮影：安田就視

写真は単線時代の旧線の橋梁。1978（昭和53）年に芳養〜南部間を複線化して移設された。芳養と書いて「はや」と読む。2両の車掌車を連結して芳養川を渡るD51。非電化単線時代の今はなき旧線時代の思い出写真である。
◎南部〜芳養
1971（昭和46）年1月6日
撮影：安田就視

煙を棚引かせて南部川を渡るD51牽引の
貨物列車。橋梁が二本並ぶのがわかる。
手前が旧橋梁で奥が新橋梁。D51は複線
の新橋梁を渡っている。南部〜岩代間の
複線化は写真の前年1970（昭和45）年の
ことだった。一方、芳養〜南部間の複線
化は1978（昭和53）年であった。
◎南部〜岩代
1971（昭和46）年1月6日
撮影：安田就視

芳養川を渡る旧線のシーン。白線入りのD51が牽引する貨物列車のサイドビュー。D51には集煙装置が装備されているのがよくわかる。◎南部〜芳養　1971（昭和46）年1月6日　撮影：安田就視

紀伊田辺〜芳養間の複線化は1977（昭和52）年で、写真は単線時代の会津川の旧橋梁を渡るDF50牽引の客車列車。DF50の25号機。写真の区間を含む紀伊田辺以北の無煙化は写真の翌年1973（昭和48）年だが、新宮〜紀伊田辺間はすでに無煙化されており、DF50形が牽引する客車列車が姿を見せていた。◎芳養〜紀伊田辺　1972（昭和47）年9月21日　撮影：安田就視

朝来と書いて「あっそ」と読む。写真は
朝来〜紀伊新庄間のカーブを振子式で
駆け抜ける国鉄特急色の381系「くろし
お」。「スーパーくろしお」が登場したの
はJR化後で、当時は国鉄色の381系が最
速達列車であった。
◎朝来〜紀伊新庄
1986(昭和61)年11月
撮影：安田就視

283系オーシャンアロー。1996（平成8）年に「スーパーくろしお（オーシャンアロー）」として登場。翌年に「オーシャンアロー」の列車名になった。2012(平成24)年に「くろしお」へ統合され「オーシャンアロー」の列車名は消滅したが、283系は現在も「くろしお」で運用されている。
◎紀伊田辺　1999（平成11）年2月13日
撮影：安田就視

富田川を渡るキハ82系特急「くろしお」の10両編成が橋梁内に収まる。全て指定席車で、当時の特急はオール指定席が当たり前だった。2〜3両目がグリーン車、4両目に食堂車を連結。ガーダー橋の横には電信用のハエタタキが設置されている。
◎紀伊富田〜椿　1972（昭和47）年9月21日　撮影：安田就視

11月下旬の日置川橋梁を走る381系「く
ろしお」。河原はすでに秋の風情だが、南
紀の秋の空は青い。日置川橋梁を渡った
「くろしお」は、さらに内陸へと入り、周
参見を目指してやがて一気に南下して海
側へ近づく。
◎紀伊日置～周参見
1986（昭和61）年11月
撮影：安田就視

日置川橋梁を駆け渡る「スーパーくろしお」。「くろしお」と区別するために「スーパーくろしお色」とも呼ばれたカラーで登場した。日置川橋梁はすっきりした構図で撮影できる撮影地として知られ、イベント列車の運行時には多くのファンが詰めかけるスポット。
◎周参見〜紀伊日置
1993（平成5）年10月25日
撮影：安田就視

日置川を渡る165系３両編成の普通。紀勢本線で運用された165系は、1986（昭和61）年11月のダイヤ改正で廃止された中央東線の昼行急行に使用されていた165系が転入してきたもの。日置は「ひき」と読む。
◎周参見〜紀伊日置　1993（平成５）年10月25日　撮影：安田就視

御坊～紀伊田辺間の区間運用の御坊行を後追い撮影した写真。113系2000番台の中間車から改造された紀勢線ワンマン運転用で、改造により取り付けられた103系体質改善40Nリニューアル車風の前面形状が特徴的だった。2020（令和2）年3月に定期運用を終え、同年に廃車となった。◎岩代～切目　2012（平成24）年3月19日

雨模様の紀伊富田駅に到着の紀伊田辺行。次の駅は白浜。紀伊富田は「きいとんだ」と読む。227系へ置き換わり、今や過去の姿となった紀勢線の105系。103系1000番台からの改造車ではあるが、新造の105系に準じた前面スタイル。側面に103系の面影が残る。◎紀伊富田　2015（平成27）年2月26日

漁港には、黒潮の海で漁をする漁船がずらりと並ぶ。江住や見老津は漁港近くの集落。岩礁に打ち寄せる波しぶきを車窓に映して165系3両編成の普通が走って行く。紀勢本線屈指の絶景スポットとして知られる区間だ。
◎江住～見老津　1986（昭和61）年11月　撮影：安田就視

WK3-13991

アーチ橋に差し掛かったキハ82系特急「くろしお」。江住から見老津にかけては、トンネルを2箇所くぐり抜け、少し拓けた海岸近くに江住と見老津の集落がある。当時は非電化で、ディーゼル特急「くろしお」が南紀の穏やかな漁村をかすめながら走った。◎見老津〜江住　1972（昭和47）年9月21日　撮影：安田就視

紀伊有田～田並間は海岸沿いから離れた内陸の区間。キハ82系特急「くろしお」がディーゼル音とともにトンネルから飛び出してきたシーン。海岸が迫る地形の関係上、海岸に沿って線路が敷ける部分は限られ、トンネルを掘って山間を走らなければならない。◎紀伊有田～田並　1972 (昭和47) 年9月21日　撮影：安田就視

トンネルを抜けてガーダー橋を小刻みに駆け抜ける381系特急「くろしお」。写真は山深い山中を走るように見えるが、写真右側には国道42号が並行し、湾入した太平洋の海原が広がる。このあたりは本州の鉄道路線の最南端付近に位置する。◎串本～紀伊有田　1986 (昭和61) 年4月　撮影：安田就視

海岸に沿って走る113系阪和色。手前の道路は国道42号。紀伊田辺以南でも113系阪和色がよく見られた当時の写真。撮影年の11月ダイヤ改正では、中央東線からの165系転入に伴い、紀伊田辺以南の普通列車に165系が使用されるようになった。
◎紀伊有田〜串本　1986（昭和61）年4月　撮影：安田就視

古座川の河口に広がる古座の町と古座川橋梁を渡る165系。写真は川の東岸から横気味で撮影したもの。古座駅は川の西岸に広がる古座町西向（現・串本町西向）にあり、写真の左側へ向けて橋梁を渡った先のカーブの先に駅がある。
◎紀伊田原～古座　1993（平成5）年10月　撮影：安田就視

紀勢本線は南へ来ると、海岸の表情が変わる。入り組んだ海岸線に沿って岩場が続き、熊野灘の岩礁風景が印象的になる。
写真は平成初期撮影で、スーパーくろしおの旧塗装時代。海岸沿いのＳ字カーブを俯瞰した絶景だ。
◎古座〜紀伊田原　1993（平成５）年10月25日　撮影：安田就視

京都・天王寺方に連結の貫通型クハ283形500番台を先頭にして走る283系。283系は、381系よりも乗り心地を改良した制御式自動振子機構を採用し、1996（平成8）年にデビュー。「オーシャンアロー」の列車名は2012（平成24）年3月に「くろしお」へ統一されたが、今なお南紀らしい印象的なオーシャングリーンのカラーで活躍を続けている。
◎紀伊田原～古座　2014（平成26）年12月7日

有名撮影地の古座川橋梁。古座駅側の河口西側からの撮影。写るのは、DD51牽引のジョイフルトレイン「ユーロライナー」で国鉄名古屋鉄道管理局時代。JR化後もJR東海のジョイフルトレインとして活躍し、新宮から西のJR西日本管内にも入線していた。
◎紀伊田原～古座
1986（昭和61）年11月
撮影：安田就視

103系から改造された105系とは異なり、新造車として3扉車で製造された105系。写真は体質改善工事を施したリニューアル車。紀伊田辺～新宮間のワンマン運転用として活躍したが、227系の投入によって2021（令和3）年3月に他の105系ともども運用を終えた。◎紀伊田原～古座　2015（平成27）年5月3日

玉ノ浦の入江に沿って走るDD51牽引の「ユーロライナー」。一見すると海や対岸から撮っているように見えるが、玉ノ浦の海岸線に沿って突き出したところがあり、そこから撮影している。入江の浦のため波が静かで穏やかな海の表情とともに撮影できる。◎下里〜紀伊浦神　1986（昭和61）年11月　撮影：安田就視

運転開始から間もない頃のキハ82系特急「くろしお」をカラーで撮影した写真。名古屋〜天王寺間を紀勢本線経由で走破し、当時は1往復のみだった。4両目に写るのは食堂車。写真は、景勝地が点在する湯川駅付近の走行シーン。
◎湯川〜紀伊勝浦　1965（昭和40）年5月4日　撮影：辻阪昭浩

オーシャングリーンのカラーが南紀の風景に映える特急「オーシャンアロー」。ここも一見すると、山深い山中を走っているように見えるが、実は浜辺付近の河口で撮影された写真。南紀は山と海の距離が近い。写真右側には森浦湾の浜辺が広がる。
◎紀伊勝浦〜湯川　　2004（平成16）年3月25日　撮影：安田就視

森浦湾へ注ぐ河口での撮影。かつては165系が紀伊田辺以南の普通列車として運用されていたが、写真当時はすでに105系
へ置換えられていた。その105系も、現在では227系の登場によって運用を終了している。
◎紀伊勝浦～湯川　2004（平成16）年3月25日　撮影：安田就視

東京～紀伊勝浦間で運行された寝台特急「紀伊」。数少ないDF50形牽引のブルートレインで異彩を放っていた。DF50形は名古屋～紀伊勝浦間を牽引。紀勢本線を運行するブルートレインとして鉄道ファンの人気を得ていた「紀伊」だったが、惜しくも1984（昭和59）年2月のダイヤ改正で廃止された。◎紀伊勝浦　1978（昭和53）年4月7日　撮影：河野 豊（RGG）

381系特急「くろしお」。駅名は紀伊勝浦だが、町名は那智勝浦町である。写真には381系のすっきりした屋根上が写る。通常の車両では屋根上にクーラーの機器が見られるが、自然振子式の381系では屋根上に重量物があると傾斜しないため、冷房装置を床下に搭載することで低重心化を図っている。◎紀伊勝浦　1982（昭和57）年8月24日　撮影：安田就視

DF50形からDD51形へ引き継がれた寝台特急「紀伊」の牽引。写真は紀伊勝浦到着後に新宮へ回送される「紀伊」の編成。14系B寝台車オンリーの編成が熊野灘の海岸線に映える。営業列車は紀伊勝浦に早朝到着のため、走行撮影はこの回送列車が適していた。◎三輪崎〜新宮　1980（昭和55）年3月27日　撮影：諸河 久

スーパーと入る「スーパーくろしお」の愛称幕のデザインは「くろしお」のものより波の表情が穏やかだった。写真の前年にあたる1998（平成10）年からリニューアル改造を施したアコモ改良編成が登場。写真の塗色は順次塗色変更されていった。◎新宮　1999（平成11）年2月　撮影：安田就視

105系2両編成による紀伊田辺行。105系は和歌山線や桜井線で運用の105系とともに新和歌山車両センターに配置されていた。105系の紀伊田辺〜新宮間への投入は1998（平成10）年3月のこと。翌年には紀伊田辺〜新宮間の165系運用を置き換えた。
◎新宮　1999（平成11）年2月
撮影：安田就視

紀伊田辺〜新宮間の区間運用で走る103系1000番台から改造の105系4扉車で紀伊田辺行。この区間運用は105系の3扉車が中心だったが、3扉車の検査などで4扉車が充当されることもあった。写真左側に208キロポストが写る。キロ数は紀勢本線起点駅の亀山駅からのキロ数だ。◎紀伊浦神〜紀伊田原　2015（平成27）年5月10日

南海電鉄の駅のイメージが強い和歌山市駅だが、JR西日本の紀勢本線も乗り入れている。1972（昭和47）年３月に紀和〜和歌山市間が和歌山線から紀勢本線へ編入した。写真は和歌山〜和歌山市間の折り返し運用で103系1000番台を改造した105系。◎和歌山市　2016（平成28）年10月15日

キハ30＋キハ58＋キハ65による普通列車が熊野川を行く。外吊り式扉でロングシートの両運転台車キハ30、国鉄急行形気動車のスタンダードキハ58、12系客車のような2段式ユニット窓や折戸のスタイルで、大出力のキハ65が並ぶ。バラエティ豊かな国鉄型車両の編成を楽しめた古き良き時代のひとコマだ。
◎新宮～鵜殿　1986（昭和61）年11月
撮影：安田就視

熊野川を渡る「(ワイドビュー)南紀」。JR東海ではワイドビュー車両のキハ85系や383系、373系を使用する特急の列車名に長い間ワイドビューの愛称を加えて運行してきたが、2022 (令和4) 年3月のダイヤ改正から「ワイドビュー」の愛称が列車名から消えることが発表されている。「ワイドビュー」は車両の愛称で、過去の「スーパーくろしお」のように「くろしお」とは別のひとつの列車名ではなく、南紀についても時刻表などで「(ワイドビュー)南紀」と()書きで表記されてきた。
◎新宮〜鵜殿
2004 (平成16) 年3月25日
撮影：安田就視

キハ28形を先頭にした新宮行の普通列車。紀勢本線では長くキハ58系が運用され続け、快速「みえ」での運用を終了したJR東海カラーの車両も連結していた。神志山駅は相対式ホームが2面あり、写真に写っていないもう1面のホームは、写真左下奥に位置する。
◎神志山　1999（平成11）年2月
撮影：安田就視

国鉄特急色が鮮やかなキハ82系「南紀」を後追い撮影した一枚。駅名は「あたしか」と読む。従来からの白地に文字だけの「南紀」愛称板が写り、ホームには昔ながらの鳥居型駅名標やタブレットキャッチャーが立つ。
◎新鹿　1982（昭和57）年8月24日　撮影：安田就視

紀勢本線は、賀田から新鹿にかけて二木島に寄るように迂回している。駅名は「にぎしま」と濁る。写真には国鉄色ツートンカラーのキハ35形が写る。キハ35系列は、外吊り式の乗降扉が特徴的なロングシート車で、比較的短距離の大都市近郊用として製造されたが、紀勢本線では写真のように亀山－新宮間の長距離運用でも使用されていた。
◎二木島　1982（昭和57）年8月　撮影：安田就視

大曽根浦駅の島式ホームへ差し掛かったキハ82系特急「南紀」。那智の滝と水しぶきをデザインした絵入りのトレインマークが印象的だった。大曽根浦駅は海沿いの駅で、プラットホームから尾鷲湾を望むことができる。「おおそねうら」と記された白地に黒文字の駅名標が国鉄時代らしい。◎大曽根浦　1986（昭和61）年11月　撮影：安田就視

トンネルが多い紀伊長島～三野瀬間を走るキハ85系「(ワイドビュー)南紀」。キハ85系は最高速度120キロ達成のために、高出力かつ小型のカミンズ社製ターボディーゼル機関を搭載する。写真当時はすでに先頭グリーン車のキロ85形の連結はなく、通常の編成は普通車のみの3両編成だったが、写真は普通車1両を増結した4両編成。グリーン車は多客時のみ半室グリーン車のキロハ84形を連結していた(その後、通年連結となるが、現在はグリーン車の連結はない)。
◎紀伊長島～三野瀬 2004(平成16)年3月25日 撮影：安田就視

銚子川を渡るデビュー2年目のキハ85系「南紀」(当時はワイドビューが付かない)。写真左側の先頭車は全室グリーン車のキロ85形。半室グリーン車のキロハ84形よりもシートピッチが広く、2＋1の座席配置で、当時の「南紀」の看板車両だったが、後に「(ワイドビュー)ひだ」へ転用された。
◎相賀～尾鷲
1993(平成5)年10月24日
撮影：安田就視

熊野灘を右にみてDD51国鉄色の重連で走る紀勢貨物。写真当時は最後尾に車掌車のヨを連結していた。非電化単線を行く
DD51形牽引の貨物列車は人気で、この撮影地は定番中の定番として知られた。紀勢貨物は平成中頃を過ぎても運行を続け、
2013（平成25）年3月に鵜殿駅での専貨貨物の取扱いが終了するまで活躍した。
◎紀伊長島〜三野瀬　2000（平成12）年8月17日　撮影：荒川好夫（RGG）

急行「紀州」とDD51牽引列車との交換風景。駅員がタブレット入りのキャリアを持っている。かつては多くの駅で見られたシーン。三瀬谷駅は山間の駅だが、特急・急行停車駅。急行「紀州」は名古屋〜紀伊勝浦間で運転された。
◎三瀬谷　1982（昭和57）年8月24日　撮影：安田就視

熊野灘を望む有名撮影地。国道42号を折れてすぐで、気軽に紀勢本線と海を撮影できるスポット。写るのはキハ48形の2両編成。今や思い出となったJR東海のキハ40系。紀勢本線多気以南は2015（平成27）年11月末を以って運用を終了し、JR東海のキハ40系自体も、惜しまれながら2016（平成28）年3月に全廃となった。
◎紀伊長島～三野瀬
2004（平成16）年3月25日
撮影：安田就視

有名撮影地の宮川橋梁を渡るキハ85系「（ワイドビュー）南紀」。三瀬谷ダムの東の下流側に橋梁がある。写真の「（ワイドビュー）南紀」は中間車のグリーン車連結時代。2020（令和2）年11月にグリーン車の連結が取りやめになった。
◎三瀬谷～滝原　2014（平成26）年12月30日

特急「くろしお」名古屋発天王寺行の天王寺方先頭車はブルドッグとも呼ばれたボンネット型のキハ81形。反対側の名古屋方先頭車はキハ82形。キハ81系は「はつかり」でデビューしたが試作的要素の強い量産車のため、故障が多発したことでも知られた。「つばさ」「いなほ」「ひたち」と流転し、1972（昭和47）年10月に「くろしお」の増結用として転属。写真は運用末期の様子。1978（昭和53）年10月のダイヤ改正を機に定期運用から離脱。最後の運用線区になった。特急「くろしお」は、

このダイヤ改正で381系電車による天王寺〜新宮間のエル特急へ生まれ変わり、名古屋〜新宮間での「くろしお」運行を廃止。合わせて「くろしお」の食堂車（写真右端）も廃止された。写真は、紀伊半島の東西を回って走り続けた古きよき紀勢特急の時代を記録した一枚だ。◎栃原〜川添　1978（昭和53）年5月14日　撮影：諸河 久

キロ85形を先頭にカーブを駆ける「南紀」(写真当時はワイドビューが付かない)。キロ85形は全室グリーン席で「南紀」専用として製造された非貫通先頭車。「南紀」での需要が見込まれたが振るわず、後に「南紀」では連結されなくなった。写真は4両編成が通常だった頃。現在の通常の編成は短編成になっている。
◎佐奈～栃原　1993(平成5)年10月25日　撮影:安田就視

かつての紀勢本線では、キハ45形も運用されていた。現在、徳和駅のプラットホーム上には県道がオーバークロスしているが、これは廃止された関西急行鉄道伊勢線跡の築堤を活かして整備したものである。整備前には、同鉄道が跨いでいた遺構としてコンクリート製構造物が残存し、写真左側にそれらしきものが写っている。
◎徳和　1982（昭和57）年8月　撮影：安田就視

特急「南紀」は1992（平成4）年3月のダイヤ改正でキハ82系の定期運用を終了し、キハ85系化された。写真当時はまだ「ワイドビュー」を付けずに運行していたが、1996（平成8）年7月から「（ワイドビュー）南紀」の名で運行されている。
◎相可〜佐奈　1993（平成5）年10月
撮影：安田就視

キハ35系運用当時の様子。腕木式信号機が並ぶ姿も写る。亀山～新宮間のCTC（列車集中制御装置）導入は、写真の翌年に
あたる1983（昭和58）年12月のことだった。CTC導入によって駅運転取扱者の駅員を配置する必要が無くなり、写真の翌年
12月に無人駅になった。◎徳和　1982（昭和57）年8月　撮影：安田就視

キハ65形を先頭に多気駅を発車した快速「みえ」名古屋行。写真当時はキハ65形が名古屋方で、それ以前は鳥羽方がキハ
65形だった。後継のキハ75形は1993（平成5）年から「みえ」の運用に入ったが、全ての「みえ」がキハ75形化されたのは、
1994（平成6）年12月であった。◎多気～徳和　1992（平成4）年7月24日　撮影：荒川好夫（RGG）

D51703号機が牽引する貨物列車が雲出川橋梁を渡る。現在の雲出川橋梁はトラス橋で、写真の橋梁は旧橋梁。トラス橋ではなくガーダー橋であった。写真右側にはハエタタキと呼ばれる電信用の架線柱が見られる。
◎高茶屋〜六軒　1972（昭和47）年9月15日　撮影：安田就視

トラス橋の雲出川橋梁を渡るキハ75形の快速「みえ」。名古屋〜鳥羽間を伊勢鉄道経由で運行し、写真当時は2両編成だったが、後に4両編成化される。快速「みえ」へのキハ75形投入は1993（平成5）年。翌年、定期の快速「みえ」はキハ75形化された。◎六軒〜高茶屋　2002（平成14）年10月19日　撮影：安田就視

駅ビルと２番線ホームに停車する紀勢本線の列車が写る。写真は国鉄時代で、現在の伊勢鉄道伊勢線は国鉄伊勢線の時代。
２番線ホームの切欠きに１番線ホームとして国鉄伊勢線ののりばがある。跨線橋を渡った島式ホームも紀勢本線で、その先
のホームは近鉄のホームである。◎津　1982（昭和57）年８月　撮影：安田就視

名古屋駅で顔を合わせたキハ82系時代の「南紀」と「ひだ」。高山本線の特急「ひだ」は岐阜駅を介して東海道本線経由で
名古屋発着。「南紀」は、関西本線経由で名古屋発着。ただし、関西本線と紀勢本線の接続駅である亀山駅を経由すると大き
く迂回するため、1973（昭和48）年10月から国鉄伊勢線（現・伊勢鉄道伊勢線）を介しての運転へ変更された。
◎名古屋　1986（昭和61）年

亀山方から見た一身田駅の遠望風景。写
るのは、現在では紀勢本線の運用から撤
退したキハ11形。津方面への列車で後追
い撮影。駅の1番ホームへ入線するとこ
ろ。1番ホームに隣接の瓦葺の木造駅舎
は現存する。
◎一身田
2002（平成14）年10月19日
撮影：安田就視

紀勢本線へ乗り入れる南海電鉄の気動車

国鉄紀勢本線との直通運転を行うために、南海が自社発注した国鉄キハ55形と同等の気動車。片運転台車がキハ5501形、両運転台車がキハ5551形（写真）。紀勢本線の気動車準急（写真当時は準急種別の廃止に伴い急行）「南紀」や「きのくに」に併結して運行された。客用窓の下に南海の表示を付け、国鉄よりも車両限界が小さな南海線での運用に配慮して側面窓に保護棒を取り付けた。また、両運転台車のキハ5551形は定員を片運転台車のキハ5501形と揃えるため、座席配置を工夫し、トイレを設置しなかった。◎住ノ江　1969（昭和44）年7月28日　撮影：荻原俊夫

1967（昭和42）年3月25日改正の時刻表。特に目を引くのが、南海電鉄難波発の紀勢直通。朝の急行南紀1号、昼の急行第2きのくに、午後の臨時急行しらはま、夕方の急行南紀3号、夜行列車の名古屋行に新宮まで連結される南海電鉄難波発の南海自社客車（和歌山市駅まで南海電車と併結）と続く。この夜行列車は、天王寺発阪和線経由の列車と南海の客車を併結した和歌山市発の列車が東和歌山（現・和歌山）で連結する。

2章

モノクロフィルムで記録された

阪和線、紀勢本線

1965（昭和40）年3月1日のダイヤ改正で名古屋〜天王寺間に登場の特急「くろしお」。写真は、発車式でのテープカットを前にしたキハ82系「くろしお」。和歌山機関区配置のキハ82系が使用され、同日に運行を開始した関西本線経由の東和歌山（現・和歌山）〜名古屋間の特急「あすか」でも運用された。◎天王寺　1965（昭和40）年3月1日　撮影：辻阪昭浩

阪和線

1962（昭和37）年完成の天王寺駅ビルが写る。民間資本を導入したステーションビルで民衆駅と呼ばれる。奥は天王寺公園で、手前は大阪市電の阿倍野橋界隈。写真左下に写る近鉄南大阪線の大阪阿部野橋駅とは阿倍と阿部で異なる。大阪阿部野橋駅は、阿部野橋駅と一般に呼ばれることもあるが、近鉄難波から駅名改称した大阪難波駅とは異なり、当駅は大正時代から駅名に大阪が付く。その向こうの近鉄百貨店に隠れて見えないが南海上町線（現・阪堺電気軌道上町線）の天王寺駅前がある。国鉄駅に戻り、奥から頭端式で大屋根の阪和線ホーム、大阪環状線、関西本線、南海天王寺支線と続く。
撮影：朝日新聞社

天王寺駅
（1963年）

天王寺～杉本町間の区間電車。阪和線では、阪和電気鉄道時代から引き継がれてきた社形と呼ばれた電車が活躍していた。阪和電気鉄道の阪和天王寺駅以来の頭端式ホームが写る。阪和天王寺駅として建設された駅の面影を残して現在も使用されている。◎天王寺　1957（昭和32）年12月　撮影：吉村光夫

東羽衣支線が分岐する鳳駅にて。鳳ー東羽衣の行先板を付けたクモハ60083が写る。鳳～東羽衣間に途中駅はなく、発車したかと思うとすぐに到着する。電車を見てもわかるように、東羽衣支線用のホームはカーブしている。現在はクモハ60083が写る側の5番のりばのみで、向う側の6番のりばや線路は存在しない。◎鳳　1969（昭和44）年5月31日　撮影：荻原俊夫

大阪府堺市の仁徳天皇陵の最寄り駅。阪和電気鉄道開業時の1929（昭和4）年に停留場として開業。1944（昭和19）年の国有化によって阪和線の百舌鳥駅となった。上り線と下り線側にそれぞれ改札口が設置されている。
◎百舌鳥
1982（昭和57）年8月
撮影：安田就視

古くから電車区が隣接する駅として知られてきた鳳駅。東羽衣駅方面への阪和線支線が分岐する。写真は40年前の駅舎と駅頭風景。旧駅舎が写り、国鉄鳳駅と表記の駅名板も写る。駅舎は国鉄時代の1985（昭和60）年に橋上駅舎になった。
◎鳳
1982（昭和57）年8月
撮影：安田就視

阪和電気鉄道が阪和天王寺〜和泉府中間を開業した同日に支線とともに阪和浜寺駅として1929（昭和4）年7月18日に開業。写真は高架化される前の東羽衣駅の様子。当時は市制施行前の泉北郡高石町だった。駅の高架化は1974（昭和49）年に行われた。
◎東羽衣
1962（昭和37）年9月2日
撮影：荻原二郎

天王寺～新宮間を阪和線経由で運行した急行「きのくに」。1966（昭和41）年に準急から急行へ格上げされた。阪和線の途中各駅は通過で、写真にはキハ58系急行「きのくに」が鳳駅を通過するシーンが写る。写真右側は当駅で分岐する東羽衣支線。
◎鳳　1966（昭和41）年6月4日　撮影：荻原二郎

区間快速の種別板を掲げた70系が走る。区間快速は1968（昭和43）年に「直行」から種別が変更されて登場した。スカ色の
4両編成で写真手前はクハ76形。和泉砂川駅が所在する泉南市は1970（昭和45）年の市制前は、日根郡泉南町であった。
◎新家～和泉砂川　1975（昭和50）年1月24日

キハ58系による急行「紀州」。写真では種別幕が快速になっているが、幕の誤表示だろう。急行「紀州」は天王寺～名古屋間の長距離急行。1961（昭和36）年に従来の準急「くまの」を急行へ格上げするとともに「紀州」の列車名へ変更して登場した。
◎百舌鳥～上野芝
1962（昭和37）年
撮影：小川峯生

キハ55系準急「はまゆう」の天王寺発着編成。白浜の海浜に咲くハマユウをデザインしたヘッドマークが付く。準急「はまゆう」は京都・名古屋・天王寺～白浜口（現・白浜）間で運行された多層建て列車だった。京都発着編成は奈良線経由、名古屋発着編成は関西本線経由で、奈良駅で解結。両編成とも和歌山線を経由し、東和歌山（現・和歌山）駅にて天王寺発着編成と解結を行っていた。
◎百舌鳥～上野芝
1962（昭和37）年3月10日
撮影：小川峯生

津久野駅は、国鉄阪和線時代に新設された駅。1960（昭和35）年9月1日に上野芝～鳳間に開業した。写真は開業後3年の様子。駅周辺には団地などが建ち、人口が増加していた。天王寺～東岸和田間の区間電車が写る。クモハ20形と丸みのある窓が特徴的なクハ25形100番台による編成だ。
◎津久野
1963（昭和38）年9月17日
撮影：小川峯生

紀伊中ノ島駅は、かつては国鉄和歌山線と交差した乗換駅だった。写真左側に写るのが阪和線で103系が写る。写真当時は
支線化した和歌山線の旧線はすでに廃止された後。戦前に和歌山線用に建てられた駅舎や和歌山線用のプラットホーム跡が
現存する。◎紀伊中ノ島　1982（昭和57）年8月　撮影：安田就視

和歌山市の玄関口に相応しい堂々たる構えの駅ビルが建つ和歌山駅。和歌山駅は、1924（大正13）年2月に紀勢西線の和歌
山（現・紀和）〜箕島間開業時に東和歌山駅として開業。その後、阪和電気鉄道の開業で阪和東和歌山駅が設置されたことで
大阪とつながり、さらに阪和電気鉄道を合併した南海鉄道の山手線が1944（昭和19）年の国有化によって阪和線となると、
大阪と国有鉄道で直結した駅になった。駅名は、その後も東和歌山駅のままであったが、1968（昭和43）年2月に当時の和
歌山駅が紀和駅へ改称し、翌3月に東和歌山駅は和歌山駅へ改称した。この駅名改称にあわせて登場したのが、写真の駅ビ
ルである。◎和歌山　1982（昭和57）年8月　撮影：安田就視

1980年代撮影の和歌山ステーションビル。和歌山駅の駅ビルで、1968（昭和43）年から使用。名称は和歌山ステーションデパートだったが、1995（平成7）年にVIVO和歌山に、その後2010（平成22）年に和歌山MIOとなり、リニューアルが繰り返し行われている。◎和歌山　1981（昭和56）年9月3日　撮影：荻原二郎

紀勢本線

和歌山市駅構内の連絡線を介して南海と国鉄の直通運転を行っていた。写真は、紀勢本線で国鉄列車に併結してきた南海の客車サハ4801を後尾に連結して南海和歌山市駅を発車する南海モハ2009ほかの南海電車。モハ2009に特急南紀直通の標識が付く。◎和歌山市　1969（昭和44）年7月29日　撮影：荻原俊夫

南海電車に牽かれて和歌山市駅を後にするサハ4801。南海は、戦後の南紀直通復活後の翌年1952（昭和27）年に国鉄スハ43形客車風のサハ4801形サハ4801を登場させた。濃緑色の車体色で、デッキ上部に南海車を示す表示灯を備えた。座席はスハ43形よりも座り心地の良い材質を使い、屋根上の通風器の配置はスハ43形とは異なった。台車は、ウイングバネ式台車へ換装後の姿である。写真当時の南紀直通は、南海キハ5501形やキハ5551形が主役で活躍していた時代で、客車サハ4801の紀勢本線での併結は、もっぱら夜行普通列車や折り返しの昼行普通列車だった。
◎和歌山市　1969（昭和44）年7月29日　撮影：荻原俊夫

東和歌山駅
（1962年）

空撮写真は、昭和天皇巡幸の車列を写したもの。通りの両側に多くの人々が並ぶ。この通りには南海和歌山軌道線が走り、奥に国鉄の東和歌山駅（現・和歌山駅）が見える。和歌山駅へ改称したのは後の1968（昭和43）年で、この時に駅ビルが誕生した。国鉄駅前の写真左に写るのは近鉄百貨店。和歌山には南海のターミナル駅和歌山市駅があるが、南海は大手私鉄としては珍しく電鉄系の百貨店を経営していない。撮影：朝日新聞社

1965（昭和40）年当時の藤並駅舎。有田鉄道の乗換駅で、紀勢本線湯浅駅へ乗り入れていた。有田鉄道は2002（平成14）年12月31日まで営業を続けた後に廃止。写真の駅舎は改修を加えながら長く使用され2008（平成20）年に橋上駅舎になった。
◎藤並　1965（昭和40）年７月31日　撮影：荻原二郎

写真奥から貨物ホームと上屋、御坊臨港鉄道キハ308、紀勢本線Ｃ5828号機。御坊臨港鉄道（現・紀州鉄道）は駅舎側にある単式ホームの切欠き部分から発着。現在の紀州鉄道もほぼ同様だ。写真左側に写るホームは島式ホーム２、３番のりばの２番側。
◎御坊　1965（昭和40）年８月１日
撮影：荻原二郎

57年前の夏の日の御坊駅と旧駅舎。駅舎は、1984（昭和59）年に鉄骨建てへ改築された。紀州鉄道（当時は御坊臨港鉄道）の分岐駅で、御坊臨港鉄道から紀州鉄道へ社名変更したのは1973（昭和48）年のことであった。御坊駅は旧来の市街地から離れた位置で、市役所が置かれる市街地は紀州鉄道沿線にある。◎御坊　1965（昭和40）年８月１日　撮影：荻原二郎

駅舎は列車で隠れて見えないが、跨線橋の右下あたりに駅舎が位置する。写真は、その駅舎側の1番のりば下り本線（東和歌山方面＝現・和歌山方面）に入線の白線入りC58222号機。別写真のC5828号機にも写るが、集煙装置や蒸気ドームの後に重油タンクを備える。重油タンクは重油を混焼するためだ。◎御坊　1965（昭和40）年8月1日　撮影：荻原二郎

道成寺駅を背にしてカーブを描く客車列車。何とも牧歌的な単線非電化時代の様子。左側に写るのは貨物側線。当時の道成寺駅は貨物を取り扱っていたが、1971（昭和46）年に貨物取扱いを廃止している。複線化や電化によって線路の様子は変化したが、沿線風景は若干の民家が建った以外は、さほど大きな変化は見られない。ちなみに踏切右側に駐車場の案内板が写るが、これは踏切近くの道成寺参道入口付近に設けられた駐車場である。
◎道成寺　1965（昭和40）年8月1日　撮影：荻原二郎

写真当時は特急や急行よりも、準急の本数が多く、「南紀」「きのくに」「はやたま」「はまゆう」「しらはま」が準急で運行。2等級制時代の一等車（現・グリーン車）も連結していた。夏の紀勢本線は国鉄にとって稼ぎ時であった。
◎稲原　1965（昭和40）年8月1日
撮影：荻原二郎

夏の日の南部駅で撮影のD6018号機牽引の貨物列車。D60には集煙装置が付く。D60形は、D50形の改造機で1950年代に製造。元のD50形は9900形として大正期に製造が開始された蒸気機関車で、その雰囲気がスタイルから感じられる。島式ホームには発車間際の客車列車も写る。
◎南部　1965（昭和40）年8月1日
撮影：荻原二郎

DF50の39号機が牽引する列車。紀勢本線で運用された亀山機関区配置のDF50形０番台で、０番台のエンジンは新三菱重工がスイス・ズルツァー社と提携して製造したズルツァー型のエンジン。例えるなら、ポンポン船のような独特なエンジン音が特徴だった。◎周参見付近　1965（昭和40）年　撮影：辻阪昭浩

駅付近は、岩礁が広がる枯木灘の景勝地として知られる。ただし、海沿いと駅は離れており、集落を望む高台に駅があり、海と山に挟まれた狭い場所に位置する。写真には海側のホームに並ぶC58188号機とC58191号機のほか、串本方面へ向かう列車も写る。◎和深　1965（昭和40）年8月1日　撮影：荻原二郎

夏の陽気が駅舎を覆う串本駅。本州最南端の駅で、潮岬等々への観光アクセス拠点にもなっている。駅は串本町の代表駅であり、町の中心部に位置し、駅に賑わいを感じる。現在の駅舎は1979（昭和54）年に改築されたコンクリート造りだが、写真は旧駅舎時代で、今や貴重な記録だ。◎串本　1965（昭和40）年8月1日　撮影：荻原二郎

湯川の海水浴場付近を走るDF50形牽引の列車。海水浴場には脱衣所や整列しているように見える人の姿が写る。写真の右奥は湯川駅で、カーブしたプラットホームがよくわかり、プラットホームと砂浜が近いこともわかる。当時の駅は、夏場になると多くの海水浴客で賑わった。◎湯川〜紀伊勝浦　1965（昭和40）年　撮影：辻阪昭浩

天王寺～新宮間を運行していたEF58牽引の夜行普通列車。写真の前年までは、寝台車を連結して「はやたま」の愛称が付いていた。寝台車の連結廃止後も、早朝に到着するために釣り人などに人気の夜行列車だった。写真は串本に停車するシーン。早朝と言っても、串本ではまだ夜明け前であった。夜行列車として新宮到着後、EF58の機回しを行い、普通列車和歌山行で折り返した。客車を使った定期の普通列車の運行は、写真の翌年1986（昭和61）年11月のダイヤ改正で姿を消した。
◎串本　1985（昭和60）年11月28日　撮影：荒川好夫（RGG）

熊野市駅
（1959年）

尾鷲と木本（現・熊野市）は、険しい地形の関係から長く
鉄道で結ばれていなかったが、ようやく1959（昭和34）年
7月15日に三木里〜新鹿間が開通し、紀勢東線と紀勢西線
が結ばれて全通した。写真には祝賀列車の臨時列車「那智」
が写り、DF50形重連である。この全通で紀伊木本駅は熊
野市駅へ改称。東京直通の夜行列車も乗り入れるように
なった。撮影：朝日新聞社

三瀬谷駅へ進入する急行「紀州」。現在は特急「南紀」の停車駅だが、写真当時は特急や急行の停車駅ではなく「うしお」「なぎさ」「くまの」といった準急の停車駅だった。駅が所在する大台町は、電源開発の町として脚光を浴びていた頃で、宮川ダムのほかに発電所がいくつも建設され、さらに三瀬谷ダムが建設中であった。
◎三瀬谷　1965（昭和40）年8月2日　撮影：荻原二郎

C57110号機が牽引するシーン。紀勢本線亀山口の無煙化は1973（昭和48）年9月30日で、ラストの牽引機は写真に写るC57110号機であった。背後には紀勢本線と並行する近鉄山田線の高い架線柱が見られる。
◎松阪付近　1973（昭和48）年9月

三瀬谷駅のプラットホームの上屋と木製の長椅子。古めかしい駅名標も写り、所在地を示す三重県の縣が旧字体だ。駅は多気郡大台町の中心部に位置し、駅から見て南方に宮川が流れる。また、大台ヶ原への下車駅でもある。
◎三瀬谷
1965（昭和40）年8月2日
撮影：荻原二郎

関西本線と紀勢本線が交わる亀山駅。紀勢本線は亀山駅が起点駅である。バイパス路線の国鉄伊勢線（現・伊勢鉄道伊勢線）開通により、特急「くろしお」が当駅を通らなくなり、その後に登場の特急「南紀」も同様で、現在は優等列車が通らない駅になったが、写真当時の亀山駅は紀勢本線の数々の優等列車も発着する屈指の交通の要衝だった。
◎亀山
1962（昭和37）年9月2日
撮影：荻原二郎

多気駅を発車するDF50形13号機。DF50形0番台は、ズルツァ社との提携エンジンを積む。多気駅は多気町に所在する駅で、都市にある駅ではないが、昔から交通の要地に位置し、伊勢市・鳥羽方面への参宮線が分岐する。多気駅への駅名改称前は相可口駅だった。◎多気　撮影日不詳

紀勢本線から伸びる地方私鉄
野上電気鉄道

終着駅、登山口駅でのモハ20形26。元阪神701形。パンタグラフは野上名物のZパンタだ。登山口駅は、生石（おいし）高原への登山の玄関口でもあった。1面のプラットホームと駅舎があり、横の線路は機回し用。奥に引き上げ線が写る。
◎登山口　1964（昭和39）年2月23日
撮影：荻原二郎

日方は野上電気鉄道の起点駅。紀勢本線海南駅に近く、同駅との連絡には、日方駅構内扱いの連絡口駅があった。写るのは、モハ20形モハ24。元阪神601形604の車体へ載せ換えた数年後の様子。貫通扉が付いた5枚窓が特徴。写真は旧塗装時代だ。廃線時まで在籍し、末期は明治製菓のCM用カラーとなり、廃線後は阪神電鉄で茶色への塗り替えを行い同社で保存されている。◎日方　1964（昭和39）年2月23日　撮影：荻原二郎

日方駅は、野上電気鉄道本社が駅前に所在する野鉄の要地にある駅だった。駅横には車庫があり、比較的広い構内であった。
写真には３の車番が記された電動貨車が写る。当時は車扱い貨物のほかに小口扱い貨物も行っていた。
◎日方　1964（昭和39）年２月23日　撮影：荻原二郎

有田鉄道の沿線は、有田みかんの産地。そもそも、みかんや木材を港まで運ぶために開業した。写真は、日本輸送機製の
DB20。15 t 機で、1965（昭和40）年製造。写真は導入後間もない頃の様子。前面と側面に有田鉄道の社章が見られる。有
田鉄道は1960年代中頃が最も業績が良かった。◎藤並　1965（昭和40）年 7 月31日　撮影：荻原二郎

有田鉄道

貨車を連結したDB20（左）とDB10。写真当時はまだ需要のあった有田鉄道の貨物列車だったが、やがてトラック輸送に押されて1984（昭和59）年2月に貨物営業を廃止。在籍していたDB20とDD353（新日本製鐵から1979年に転入の1963年日本車輌製造製35 t 機）は貨物廃止と同年の3月に廃車された。
◎金屋口　1965（昭和40）年8月1日
撮影：荻原二郎

写真は金屋口駅の旧駅で撮影の一枚。廃止時の位置よりも少し先にあった。金屋口駅は有田郡旧吉備町に所在した駅で、駅名の金屋口は対岸の同郡旧金屋町の入口という意味。現在は、吉備、金屋両町ともに合併で有田郡有田川町になっている。写る気動車はキハ250。1954（昭和29）年富士車輌製で、湘南二枚窓のスタイルだった。1970(昭和45)年まで運用。その後はキハ07が運用を引き継いだ。◎金屋口　1965（昭和40）年8月1日　撮影：荻原二郎

御坊臨港鉄道
（現・紀州鉄道）

当時、学門駅はなく御坊駅の次が市街地に位置する紀伊御坊駅だった。車庫を有する駅で、当時の駅は2面のホームが使用され、列車交換が可能であった。写る気動車は、キハニ40801（キハ40801）。芸備鉄道が新製したキハニ19（日本車輌本店1936年製）が元。芸備鉄道の国有化に伴ってキハニ40801になり、1947（昭和22）年に払下げを受けた。ディーゼル化改造を施して長く活躍。荷台が付いた気動車として親しまれ、1970年代まで運用された。なお、キハニの表記だが、荷物室撤去のため、文献によってはキハ40801としている。
◎紀伊御坊　1965（昭和40）年8月1日
撮影：荻原二郎

かつての終着駅だった日高川駅。写真奥の向こうは日高川の河川敷。単式ホームとキハ308が写り、左側に写るのが駅舎。西御坊〜日高川間は、1989（平成元）年4月1日付で廃止された。キハ308は、元は国鉄キハ41000形（1934年川崎車輌製）で、ガソリンカーをディーゼル化して使っていた。◎日高川　1965（昭和40）年8月1日　撮影：荻原二郎

紀伊御坊駅の貨物側線と15ｔ機のDB2012。元は国鉄から払い下げを受けた蒸気機関車Ｂ20形Ｂ2012。1953（昭和28）年の水害で被災し、翌年に森製作所でディーゼル機関車へ改造された。ナンバープレートのほかに御坊臨港鉄道の社章が見られる。◎紀伊御坊　1965（昭和40）年８月１日　撮影：荻原二郎

『泉南市史』に登場する阪和線

阪和電鉄創立の背景と開通

当市域の平野部を西北寄り海岸沿いと東南寄り山麓沿いの二条の路線ではさむような形で２本の鉄道が通じており、それぞれ大阪と和歌山、さらには南紀方面とを結んで電車が走っている。海岸沿いに早くから通じていた南海電気鉄道（旧・南海鉄道）とともに、公共的輸送機関として、長い年月の間その沿線に当たる当市域の社会経済の発展に大きな役割を果たしてきた国鉄阪和線は、国鉄再建のための分割・民営化政策により、昭和62（1987）年４月１日以後あらたに西日本旅客鉄道会社所管の鉄道として再出発した。

この阪和線は、鉄道事業としての歴史の古さという点では南海電鉄に及ばないが、南海電鉄の場合とことなり、きわめて複雑な変化に富む事業体制の展開過程を経てきている。すなわち、阪和線ははじめ昭和初期に私鉄の阪和電気鉄道として設立・開業を見たが、のち昭和戦中の交通統制により、昭和15（1940）年12月南海鉄道に合併されて南海山手線となったあと、さらに戦争末期に軍事的戦略路線として国家買収されて国鉄線に編入され、阪和線となったのである。

さて、阪和線の前々身たる私鉄の阪和電気鉄道は、大阪と和歌山との直結による南紀国鉄輸送体制強化という政府の方針を後楯として建設された。和歌山県は、最西北端に位置する県都和歌山にはすでに明治中期に南海鉄道および紀和鉄道（のち関西鉄道を経て国鉄和歌山線となった）がそれぞれ大阪方面から通じていたが、それ以南の県内大部分の地はひさしく鉄道の利便に恵まれず「陸の孤島」の観があった。ようやく大正期に入って県内沿海各地を結ぶ国鉄紀勢西線が建設されつつあったが、それはその起点和歌山において線路を接続する南海鉄道の国有化を前提とし国鉄ルートに拠って南紀方面と大阪とを連絡する幹線計画の一環にほかならなかった。ところが南海鉄道との間で政府の買収交渉が不調に終わったので、その幹線計画は一頓挫した。ここにおいて、阪和間を直結し、同時に大阪を通じて全国的な国鉄路線体系と紀勢国鉄ルートとを中継連絡する新路線建設構想が浮上してきたのである。こうして政府は阪和間にあらたに国鉄線を建設する必要に迫られたが、当時の国家財政の制約からしてその早急な実現は困難ということになった。

これよりさき、政府のそうした鉄道構想とは別に、大阪財界の有力な綿業資本家グループ（喜多又蔵、谷口房蔵）や大阪商船関係有力者たちの発起により、大阪（天王寺）・和歌山間における阪和電気鉄道敷設の免許申請が、大正８（1919）年11月になされていた。政府はこれを「渡りに舟」とし、国鉄の代用線としてのメリットを認識し、将来の国有化の可能性をも留保するようなかたちで免許を与えたものと見られる。阪和電鉄の発起メンバーの一員たる太田光凞（当時、京阪電鉄社長）も次のように回想している。

「もともと此の新線は南紀方面の国鉄と連絡するということが主眼であるから、最初から政府の意に従って政府の方針通りの路線にした方が許可を受ける上にも好都合であると考へたので、内々鉄道省の指示を受けて政府の計画と同様の案に依って出願した。（略）従って鉄道全体の設計も将来政府に買収されても何等差支ないやうに十分に考慮をめぐらし、隧道、橋梁その他にも省線同様大型の車両が通過出来るやうに設備がしてある。此れがまた阪和が営業開始後一定期間政府から補助金を受くるに至った所以でもある。」（『電鉄生活三十年』）

いわば、それは政府の鉄道国策に沿う路線であるから、国鉄レベルの鉄道を計画・出願すれば政府の免許も得やすく、また建設・開業ののち将来において何らかの事由で経営危機におちいっても政府の買収による救済をうけられるという計算が、発起人たちの間にもあったであろう。しかし、それはあくまでも政府相手の免許出願上の戦略的対応であって、彼等の阪和電鉄起業の主目的は、次に示す「開陳書」にも謳われたように、阪和間沿線地帯を市場とする貨物・旅客の輸送サーヴィスの拡充にあったとみられる。

その後、しばらく大戦後の反動恐慌にさまたげられて会社創立手続が進捗せず、ようやく同12年７月に鉄道敷設免許を与えられたが、やがて間もなく関東大震災に遭い財界の動揺のため起業はふたたび足踏みを余儀なくされた。

大正15（1926）年に入っていよいよ会社創立準備にとりかかり、ひろく財界、一般投資家に会社の創立趣意と事業計画および建設費・収支の概要について周知し、賛同をよびかけた。この時の阪和電鉄の「創立趣意書」に同社の発起人として連名している53人の中に、安宅弥吉・福沢桃介・林安繁・堀啓次郎・谷口房蔵・山岡順太郎ら錚々たる大阪財界人に伍して、当市域の北信達村の有力者片木政治郎の名が見え、しかも片木はその中で20人選ばれた創立委員の１人でもあった。また同趣意書につづいて特記された沿線の主要な「名所旧跡」の中に、当市域内の景勝地として「砂川奇勝」「金熊寺梅渓」の案内も見える。

阪和電鉄は会社創立後の株式募集も順調に運び、線路建設工事も全線区を11工区に分けて着々と進められ、昭和４（1929）年７月18日、いよいよ開業の日を迎えたのであった。

しかし、折しもわが国内経済界は大不況に沈みつつあった時代で、同じ交通市場で平行路線をもつ南海鉄道と、きびしい条件のもとでとぼしい貨客を奪いあい、しばしば両社間で過当競争の弊を生んだ。阪和電鉄の方が、何といってもより新しい会社だけに、機械設備や土木施設の面で南海鉄道よりも進んでおり、とくに大阪天王寺・東和歌山間をノン・ストップ、45分で走破する超特急の運転を実現して、南海鉄道の顔色を無からしめたのである。

『和歌山市史』に登場する阪和線と紀勢本線

紀勢線の開通と阪和電鉄の設立

　和歌山・田辺・新宮を結び、紀伊半島を1周する紀勢鉄道の建設を求める声が、明治以来、和歌山県・三重県双方の地元から幾度も大きく発せられた。とくに、明治43 (1910) 年から翌年にかけて、三重・和歌山両県選出の政友会所属代議士が、衆議院に紀勢鉄道建設に関する請願書を提出し、本会議で採択されるまでにいたった。

　中村啓次郎 (和歌山市出身) は、紀勢鉄道を敷設線に加えることを求めた第27議会 (明治44年) の演説で、柑橘・木材・魚類の運送を担う貨物鉄道、熊野参詣者を運ぶ旅客鉄道、さらに和歌山県民を擁護するための軍事鉄道の側面からみても、紀勢鉄道は有望かつ必要であると力説した。この間、県内では和歌山新報社長久下豊忠らが、県会議員・市町村会議員らに呼びかけて、明治43年12月4日には紀勢鉄道県民大会を開催し、紀勢鉄道速成同盟会を発足させるなど、国会方面に積極的に働きかけていた (本書第8巻)。

　しかし、この紀勢鉄道の敷設は、第1次大戦期の未曽有の好景気と原敬政友会内閣の積極政策実施の時期になってからである。大正7年早々、政友会和歌山支部は改めて紀勢縦貫鉄道の速成を決議し、党本部に要望した。県下でも、改めて鉄道敷設を促す鉄道大会が各地で開かれ、和歌山県議会も同年11月の通常会で、紀勢鉄道敷設建議案を可決して内務大臣に建議した。このようにして、第41議会で、政府提出の鉄道敷設法中、改正法律案が、衆議院で大正8年2月に、貴族院で翌月に通過し、紀勢線は大正8年度から10か年計画、建設予算4787万円で着工する運びとなった (本書第8巻・『和歌山県史』近現代史料6)。

　紀勢線の和歌山側の起点を和歌山駅 (現　紀和駅) に確立したことにより、南海鉄道を国有化して、大阪・紀伊間を結ぶ構想が浮上し、南海線・和歌山線・紀勢線を結ぶ「洋風の一大ステーション」の建設と、それを核とする大和歌山の発展が、期待を込めて語られたりもした (本書第8巻)。なお、和歌山・箕島間の開通は、大正13年12月28日で、和歌山市では垂井清右衛門和歌山商業会議所会頭を発起人代表として、紀勢鉄道開通祝賀会を開催した。『和歌山新報』 (大正13年12月29日付) は、「県民の歓喜、和歌山・箕島間開通 (中略) 紀南地方開発の第1歩」と報じていた。しかし、紀勢線が田辺まで通じたのは昭和8年12月20日、江住・串本間が開通し、和歌山・新宮間が結ばれたのは同15年8月8日であった。敷設着工までと同様に、開通までの道程も随分と長いものであった。

　紀勢線の敷設決定を受けて政府は、南紀と大阪を直結する計画をもつに至った。しかし、南海鉄道を買収する企てが不調に終わり、政府は改めて大阪・和歌山間に国鉄線を建設する必要に迫られた。これと前後する大正8年11月、喜多又蔵・谷口房蔵といった大阪財界の有力綿業資本家グループや大阪商船の関係者が、阪和電気鉄道敷設の免許申請を出していた。政府は、この計画を国鉄の代用線として着目し、また発起人グ

ループも国策に従うことを是とした。ここに、阪和間を結ぶ第2の鉄道会社が実現することとなった。もっとも、阪和電気鉄道株式会社の発足は、第1次大戦後の恐慌や関東大震災による混乱もあって、容易には進まず、大正15年4月に、資本金2000万円でようやく会社が設立された。建設工事に着手したのはさらにのちの昭和2年2月のことであった。

　昭和5年6月、阪和電鉄は天王寺と東和歌山 (現和歌山駅) の間を全通させ、南海鉄道との激しい競争となった。後発の阪和電鉄は新鋭設備を生かして、阪和間をノンストップの超特急で45分で結んだ。また、紀勢西線の開通にあわせて、週末には白浜・湯崎温泉行きの直通列車「黒潮号」を走らせた。ちなみに、南海鉄道和歌山市駅の1日平均乗降客は昭和6年で7497人であり、阪和電鉄東和歌山駅では4016人であった。紀勢線の同駅での乗降客2681人を加えても、ターミナルとしての東和歌山駅は、和歌山市駅を凌駕できてはいなかった (『和歌山市勧業統計』昭和7年版)。

『白浜町史』に登場する紀勢本線

大阪〜白浜間をノンストップ短時間で結ぶ観光列車は、観光町白浜の永遠のテーマであった。この夢を乗せて最初に登場するのが、あの白浜の希望の星「黒潮列車」であった。

かすむ湯煙　出湯の都　黒潮列車が今日も来る
花の浪華と白良々の空へ　恋の旅客機　ひとまたぎ

歌に唄われた黒潮列車は、もともと週末に運転していた観光用の快速列車で、白浜口駅ができるまでは紀伊田辺駅まで運転して同駅からバスで観光客を運んでいたが、白浜口駅が開通した昭和8（1933）年12月20日からは白浜口駅へ直通するようになったものである。

この黒潮列車は直通列車（和歌山に停車）で、天王寺を2時30分に出発し白浜口駅に5時29分着という、当時としては驚異的な3時間の快速列車だった。大阪〜白浜間をこの黒潮以外には毎日急行が3往復していた。

この黒潮は昭和8年の年末には週末以外に12月28日から1月5日まで毎日運転している。

この黒潮列車は5両から7両連絡で走るので、多いときで500名ほどの温泉客が1度に白浜に来ることになる。

当時としては、いちばん大きかった白良荘で客室32、白浜館29、その他は10室前後の旅館が多かったので、白浜は1度にお客があふれることになった。

昭和8年当時の白浜・湯崎温泉の受入れの陣容は、旅館30軒、民宿、貸間35軒、料理飲食店（カフェーを含む）45軒、土産物店30軒であった。

昭和9（1934）年8月21日の朝日新聞に大要次のような記事が出ている。

夏枯れだった白浜温泉の最近のお客はすごい。18日の南紀直通黒潮列車は天王寺駅の最高の満員記録をつくり、客車2輛を増結しても運び切れぬという素晴しい人出に、その夜の温泉旅館は満員、喜んだ温泉では、18、19の両日、臨海浦海水浴場で地曳網を引いて見せ、ぴちぴちはねる鮮魚を抽籤で分配、また夜は白良浜で、納涼サービスと白浜美人が出来たての白浜音頭踊りを浴衣姿もあでやかに踊って見せた。

興味あるのは、観光地白浜の発展の道は列車の電化にあると、昭和9年に白浜の関係者50名が天鉄局に既に陳情に行っていることである。

戦前の黒潮列車は、週末や年末に白浜に温泉客を運び、白浜とは切っても切れない関係となっていくが、昭和15（1940）年、戦時色がいよいよ濃くなって、明光バスの遊覧バス運転中止とともに中止された。

敗戦直後の白浜温泉は、平和になったとは言え食糧事情の悪化と物資欠乏がどん底で、戦時下の昭和16（1941）年でも年間20万人あった宿泊客が昭和23（1948）年になってもわずか8万4000人と落ち込んだままだった。世相が観光どころではない状況だったのである。

そんな中でも観光関係者等の地道な熱意が実り、昭和24（1949）年10月8日、9年ぶりに黒潮列車が復活した。

この日を迎えるために、戦後たどった旅館関係者の苦闘はたいへんなものだった。

この黒潮列車復活によって白浜はようやく明るさを取り戻し、夜ともなると雨戸を降ろして真っ暗になっていた浜通りも週末はかつての明るさを取り戻すようになった。

そのうえに昭和25（1950）年4月1日から昼間の準急「熊野号」が運転を始め、宿泊客がだんだん多くなってきた（準急は今まで夜行列車であった）。準急「熊野」は新宮行で白浜口まではたいへんお客が多いが、白浜を過ぎると30パーセントの乗車率しかなかった。

しかしこの列車も夏期には乗客が減って、天鉄局は夏期旅行の啓もうから夏期料金を割引きにした。白浜口駅も天鉄局に陳情して夏期割引に加えられ、7月、8月、9月の3か月間を、天王寺〜白浜間の鉄道料金を1割引きにするサービスを行った。

昭和26（1951）年4月7日、かねてから白浜の要望であった、大阪南の中心地難波発の南海線直通乗り入れが認められ、初めて南海乗り入れの黒潮列車が白浜口駅に到着した。

難波行南海車両を増結した黒潮列車は、戦前の昭和9（1934）年11月17日から既に走っていたが、戦争とともに久しく中止していたものだった。

観光列車は、昭和33（1958）年までは週末、観光シーズン運転の黒潮列車が主力で、この黒潮列車の毎日運転や、ディーゼルカー化について町の関係者は陳情しているが、実現したのはもう少したってからのことである。

ほかに準急「熊野」「南紀」が観光客を白浜に運んで好評だった。

また、白浜の観光は昭和30（1955）年2月1日から13年ぶりに南紀回遊券が国鉄で発売されて、いよいよ本格的な観光ブームに入って行くのである。

『串本町史』に登場する紀勢本線

紀勢線の開通

東京の新橋－横浜間にわが国最初の鉄道が開通したのは明治5（1872）年であった。陸の孤島といわれた熊野の地に、汽車が黒煙をあげて走ったのは大正元（1912）年11月14日、勝浦－三輪崎（新宮市）間の「新宮鉄道」であった。さらに翌大正2年3月1日、残りの三輪崎～新宮間も完工し、新宮－勝浦間に紀南唯一の軽便鉄道が全線開通したのである（『新宮市史』）。

紀州の交通運輸の主力は、すでに述べたように古くから船であった。しかし紀伊水道・熊野灘は風浪が激しく、しばしば交通が途絶し、危険もきわめて大きかった。鉄道が全国的に普及するにつれ、紀南に住む人々も鉄道敷設への願いを抱き始めていた。明治22年、県下を襲った集中豪雨による被害は、陸の孤島紀南地方の悲惨さをまざまざと実感させた。生活必需品の極度の不足、物価の高騰、なかんずく食料の欠乏は道路を寸断された奥地に餓死者が出るという有り様であった。この災害を契機として、西牟婁郡を中心に「船を鉄道にかえよう」という声が高まってきた。明治26年1月、田辺町（現田辺市）に有力者数十人が会合、紀勢鉄道敷設運動が急速に盛り上がった。しかし、やがて勃発した日清・日露戦争によりやむなく運動を中断せざるを得なかった。

日露戦争が終わり、世相が落ち着きをみせ始めた明治40年ごろから、再び全県的に紀勢鉄道敷設促進の気運が広がった。当時の全国的な鉄道敷設の活発な動きに刺激され、その規模も構想も大きくふくれ、紀勢鉄道は和歌山を起点として箕島・御坊・田辺・周参見・串本・新宮を経て三重県の木ノ本・尾鷲から山田に達する紀伊半島1周の実現を目指すものへと大きく前進した。

こうした世論を背景に、和歌山県および三重県選出の代議士7人が、第26回帝国議会（明治42＜1909＞年）に紀勢鉄道建設議案の動議を提出、翌43年の本会議において、本県出身の千田軍之助が提案理由の説明演説を行った。議案は特別委員会付託となり、続く第27回帝国議会に紀勢鉄道速成の請願が提出され、本県出身中村啓次郎ほか3人から「紀勢鉄道を敷設線に加える改正案」が提出され、委員会付託となった。明治44年3月17日、委員長から本件の報告が行われ、原案どおり可決されたが、残念ながら貴族院において否決されてしまった。

やがて大正6（1917）年ごろから建設運動が再燃し、第40回帝国議会において、当時の政友会実力者岡崎邦輔ほか14人が「紀勢鉄道敷設建議案」を提出、衆議院で可決された。同7年5月、鉄道院総裁中村是公らの現地視察があり、第41議会で政府提出の法案（「和歌山ヨリ田辺、新宮及三重県下長島ヲ経テ相可ニ至ル鉄道」を追加する）が、すらすらと両院を通過し、いよいよ大正8年度から着工の運びとなったのである。

本県出身代議士山口熊野の参議院での演説に対し、「熊野の山奥に鉄道をつけて山猿でも乗せるつもりか」と嘲笑された話は有名であるが、ついに待望の「陸の孤島に鉄道を」の夢が現実となったのであった。

電化された紀勢本線

紀勢東線と西線が1つに結ばれ、紀勢本線となったのは昭和34（1959）年7月15日であった（三重県三木里－新鹿間開通）。大正8（1919）年紀勢鉄道が和歌山－湯浅間の第1工事を開始してから、戦時中の中断期も含め実に40年の歳月を要したのである。

『天王寺鉄道管理局三十年写真史』（昭和56年3月同局発行）は、昭和40年の項に、「紀勢線全通から5年目南紀の人気は日増しに上昇して、優等列車は常に混雑し、その増強を望む声があがっていた。こうして管内初の特急列車が昭和40年3月誕生した。当初は天王寺－紀勢線経由－名古屋の特急くろしお号と、名古屋－関西線経由－和歌山の特急あすか号の各1往復であった。前者は順調に成長していったが。後者は利用者が少なく昭和42年10月廃止となった」とその解説で述べるように、紀勢本線は天鉄局にとってはまさにドル箱的存在となりつつあった。

串本を訪れる観光客がしだいに増えはじめたのもこのころからで、町観光協会の推計によると、昭和44年には年間100万人の大台を超え、50年には180万人に達している。しかし、当初は相変わらず石炭を焚くSL（蒸気機関車）が牽引する旧式の路線であり、黒煙をあげて驀進する姿は見た目にはたくましいが、乗客にとっては、冬場はともかく、夏場はトンネルに入ると煙が車内に侵入して、けっして快適な旅ではなかった。天鉄局にとっては液体燃料によるディーゼル化が目下の急務であった。それが実現したのは45年3月10日、「紀勢本線新宮・紀伊田辺間無煙化完了、新宮機関区SL廃止」と、上記『写真史・年表』は記している。戦前から串本地方の海岸に沿って、黒煙を吐きながら走っていたSLはこうして姿を消したのである。

昭和49年12月9日、新宮－和歌山間の電化起工式が行われ、いよいよ紀勢本線も電化の幕開けとなった。電車第1号が走ったのは53年10月2日、「今回の紀勢線電化は、天鉄局の歴史の中では特筆すべき事柄であった。開業式には総裁の来局を仰ぎ錦上花を添えることができた」と、記録はその喜びをつづっている。串本地方にも初めて「電車」が登場したのは、町の交通史上画期的なできごとであった。

それに先立つ昭和46年7月、町内の有田・田並・和深各駅の貨物取り扱いが廃止され、串本駅の管理となり、続いて50年4月には串本駅も貨物取り扱いをやめ、さらに53年3月、有田・田並・和深の3つの駅は被管理駅すなわち無人駅となり、合理化の波がしだいに地方の小さい駅に及んできたのである。いまひとつ町内の田子駅は、昭和29年11月15日、旅客のみの運輸営業を始めたが、当初から無人駅であった。新しい串本駅舎が改築竣工したのは54年12月11日、紀勢本線中白浜・那智勝浦と並んで南紀観光の拠点として天鉄局の力の入れようが知れよう。

なお、長い歴史をもつ国有鉄道が民営のJRとなったのは昭和62（1987）年4月1日である。

『熊野市史』に登場する紀勢本線

1 工事着工

待望の起工式はこの年の10月21日に尾鷲、翌22日に木本で行われた。工事はこのあと東西両側からそれぞれはじまったが東側では堅い頁岩が多く、さらに工事材料の輸送が困難を極めた。険しい岩山が海岸線まで迫っていて舟着き場がなく、しかも荒れる熊野灘である。尾鷲から九鬼村へ通じる陸路の山道は標高2、300メートルの山上を通っているため海岸沿いの工事現場へは急斜面を降ろさなければならなかった。関係者一同、資材運搬に頭を痛めたとき、この地方の木材搬出に使う "ヤエン" と呼ばれる簡易索道を思いつき、さっそくこれを使って荷降ろしをはじめた。こうして難問の1つは解決した。一方木本から東に向った工事も大吹、甫本など山や堅い砂岩つづきで難工事の連続だった。

2 工事費大幅削減

着工して2年たった29年夏ごろ、突然予算縮小、工事打切りがうわさされ出した。工費が高くつきすぎるうえ工事の進行がはかばかしくなく、それにほかの鉄道建設線の激しい予算割り込みがあるというのである。そのうわさは事実だった。30年度の紀勢線予算は29年度の半額に近い3億9000万円と大幅に削られてしまった。28年度の3分の1である。

色を失った全通促進協議会は代表が東京に泊り込みで運輸、国鉄両当局はじめ関係方面へ日参、予算の増額を陳情するとともに、両県の選出国会議員にもバックアップを求めた。30年11月下旬、両県の代議士12人が紀勢線全通促進議員連盟を組織、対策を話し合って猛運動を展開した。これが功を奏して国鉄は31年1月の通常国会に鉄道建設にあてるため公募債などの措置を講ずると言明、紀勢線の31年度工事費は前年の2倍近い7億6100万円に増額されることになった。

一方これより先、工事現場では砂利不足に泣かされていた。やっと捜しあてたのが国市の浜と新鹿海岸で、新鹿では砂利を採ったあとを石で埋める条件で地元の人々と話し合いがついた。こうした困難な条件とたたかいながら工事は徐々に進んだ。

3 木本・新鹿間開通

31年3月、まず木本・新鹿間(6.8キロメートル)が真先に完工、全通するのを待たず4月1日開通した。

「日の丸の旗を交差させた機関車は午前10時14分、紀伊木本駅をすべるように発車した。車内には田中三重県知事や十河国鉄総裁らが乗り込み真新しい大泊駅を通過して、14分後に新鹿駅に到着、おりからの雨の中をつめかけた群衆が帽子やハンカチをいつまでも振り続ける姿が印象的だった。」(紀勢線物語)

これに力を得て工事は急ピッチで進み東側も尾鷲・九鬼間(11.1キロメートル)が年末には貫通、翌年1月12日開通した。

32年初め再び紀勢線の工費削減のうわさが流れ始めた。

全通促進協議会は前回の大幅削減の例にこりているので一段と結束を固め、全員一丸となって全通への体当り運動を続けた結果、予定の工費が確保される見通しとなった。

4 難工事の連続

この年5月、九鬼・三木里間は6月完工を目ざし名柄トンネル(延長2605メートル)の突貫工事にはいり、あますところあと200数10メートルになっていた。

また、新鹿・二木島間の逢神坂トンネル(2534メートル)は6月12日、貫通予定となり、三木里・賀田間の玄ヶ谷トンネル(2839メートル)は570メートル掘り進み10月貫通を目標にし、最長の賀田・二木島間曽根トンネル(2933メートル)は8月着工となっていた。

しかし、相つぐトンネル、橋の難工事の連続で工事は遅れがちであった。

5 最後の工事へ機械力投入

翌33年4月23日、九鬼・三木里間が開通。いよいよ残り12.3キロメートル、国鉄も翌年春の完成を目標に最新鋭の機械力を投入し始めた。

直轄施行の曽根・逢神坂両トンネル工事にはこのころ登場したばかりのアーム式チップラー、ブームジャンボー、コンウェーなどの特殊機械が威力を見せ、工法も全断面掘さくという特殊な方法を採用、これに多量のダイナマイトを使って文字通り昼夜兼行の作業で1日の掘さく18.2メートルという当時としては驚異的なハイペースで進められた。

これは、それまでの5倍、単線トンネルとしての日本新記録であった。

また、トンネルから出た大量の土砂は二木島湾に約2万平方メートルの埋立地を出現させたのである。逢神坂トンネルは32年6月20日、曽根トンネルは33年7月7日に貫通した。

難所が片づいたあと、道床や橋の工事も順調に進み、34年初めごろからは駅舎の建築やレール敷設にかかった。

騒音防止のために30メートルの長尺レールやコンクリート枕木の使用、200メートル以上のトンネル内は、全部溶接して継目なしレールにするなど、新しい試みも次々採用された。

ついに待ちかねた瞬間がやってきた。西から東から延びてきたレールは曽根トンネル東入り口25メートル(尾鷲市賀田町)でガッチリ結ばれた。

6 レール接続式

4月22日午後零時30分、国鉄本社久保常務理事、中村関西支社長、竹内中部支社長、久田天王寺鉄道管理局長、上原岐阜工事局長、地元代表約120人が参加して「レール接続式」が行われた。

久田、上原両局長がボルトで最後のレールを締め、この晴れの日のために作られた銀色まばゆいイヌクギが枕木に打ち込まれた。

どっと "バンザイ" の歓声がわきあがった。

待望実に40年、東西両線のレールは堅く握手を交わしたのである。

全通によって国鉄は紀勢東、西両線を統一し「紀勢本線」と改称、同時に参宮線の一部亀山・相可口間を加え亀山・和歌山駅間（383キロメートル）とした。

新ダイヤも発表され、木本・尾鷲間を急行2、準急4、普通16、貨物7の計29列車が走ることになった。

このときから蒸気機関車にかわり「DF50型」ディーゼル機関車が登場。

7 貫通処女列車

そして、世紀の貫通処女列車は昭和34年7月15日午前6時32分、三木里駅から発車した。

「初乗りのお客のなかでことにうれしそうだったのが老人たちだった。明けそめた沿線では住民たちが一生けんめいに旗を振っている。三木里から賀田・二木島へ―。両手をあげて叫んでいる子どもたち、やがて紀伊木本の駅名を改称した熊野市駅に着いた。」（翌日の新聞）

全通祝賀式は雨天のため木本小学校々庭に張られた縦30メートル横73メートルの特設大テントで開かれた。

招待客2000人という熊野市ではかつてない盛大な祝宴であった。

8 全通以後の経過

① 姿消す国鉄バス

全通祝賀式のその日、尾鷲市で木本・尾鷲間45キロメートルを走り続けた国鉄バス紀南線がひっそりと姿を消していった。

4月22日午後零時30分、国鉄本社久保常務理事、中村関西支社長、竹内中部支社長、久田天王寺鉄道管理局 ← 繋がりがおかしいような？

標高808メートルの名だたる難所矢の川峠越えにけわしい山道を23年間、延べ1000万キロを無事故で走り抜いたのである。

この記録は、我が国バス路線史上不滅の輝かしい金字塔だった。

この日、十河国鉄総裁は尾鷲自動車営業所の閉所式にのぞんで関係者に心からの敬意を表した。

ともあれ、紀伊半島に新しい時代の夜明けを告げる紀勢本線の全通は、東京へは直通列車「那智号」が運転されるなど、大阪、名古屋の大都市とも短絡され海産物や木材などの出荷も便利になった。

高校生も寄宿生活から通学へ、新聞も早く届くようになり文化の恩恵も多大である。

なお紀勢西線当時の列車をひいた機関車は「C11型」といわれる石炭車であった。

乗車すると、ワイシャツなど白い着衣はもちろん顔や身体までススで黒くなったものである。

② 紀勢本線全通以後の経過

	賀田、二木島駅開業
	東京・新宮間に臨時急行列車「那智」運転。
	準急「くまの」天王寺・名古屋間に延長運転。
昭和34. 7.15	名古屋・紀伊勝浦間に不定期準急「うしお」運転。
	天王寺・新宮間上り夜行列車1本を準急に格上げ「はやたま」となる。
	相可口を多気に、紀伊木本を熊野市に、山田を伊勢市に、尾鷲（おわし）を尾鷲（おわせ）と駅名を改称。
昭和34. 9.22	東京・新宮間「那智」定期列車となる。
昭和36.10. 1	名古屋・紀伊勝浦間の不定期準急「うしお」を定期に格上げ。
昭和36.12.11	波田須駅（被管理駅）開設
昭和39. 6.25	大曾根浦・九鬼間で列車脱線事故
昭和39.10. 1	紀伊井田駅被管理駅に指定
昭和40. 3. 1	天王寺・名古屋間に特急「くろしお」運転開始
昭和41. 3.30	全線にATS地上子装置完了
昭和44. 9.17	大泊駅にセメント専用引込線できる
昭和45. 3.10	新宮機関区SL廃止
昭和45. 7. 1	急行気動車、普通車の冷房化一部実施
昭和45.10. 1	名古屋・紀伊勝浦間に急行「紀州」増発
昭和47.10.15	紀伊市木駅、有井駅被管理駅に指定
昭和50. 3.10	急行「紀伊」（旧那智）特急に格上げ及びオール寝台化
昭和50. 9.15	熊野市駅に「みどりの窓口」設置
昭和53. 1.24	和歌山・紀伊田辺間複線化
昭和53.10. 2	和歌山・新宮間電化開通
昭和56. 4. 9	熊野市駅に駅前赤坂連絡跨線橋設置

紀勢本線は、輸送面では徐々に近代化されているものの、紀伊田辺・亀山間は単線運転で、しかも新宮・亀山間はまだ電化されていない。

『尾鷲市史』に登場する紀勢本線

尾鷲駅の開業

尾鷲駅の開通は、昭和9年12月19日であるが、この鉄道建設の歴史は古くて、遠く明治25（1892）年にさかのぼる。この年、第3回帝国議会において、紀勢線が布設予定線に策定された。明治44年、この鉄道の布設資料として、南・北牟妻郡各町村では、鉄道が開通した場合の旅客予想人員や、移出入貨物の品名と数量などの予想調査が行なわれた。

これと同時に、その町村の生産や消費の品名数量も調査され、またその町村の土地買収算定の参考のため、鉄道院は、町村長に土地の時価を報告させた。

翌明治45年5月25日、尾鷲町議会協議会においても、相可（のち相可口・多気）～二郷（長島町）間の軽便鉄道敷設促進の件が議決された。

大正2年8月松阪において、北牟妻郡町村長会が開かれ、松阪～尾鷲間の紀勢軽便鉄道の促進運動が決議され、9月5日尾鷲町土井八郎兵衛・土井忠兵衛・土井与八郎・宮井準吉・浜田常助・堀口延之助・栗原実也の各氏が発起人となり、紀勢軽便鉄道創立のため、関係町村から委員各1名を選出させた。

しかし、こうした地元の運動に刺激されて鉄道院においても本格的に紀勢線の着工を考慮することとなり、大正7年6月3日中村鉄道院総裁が、布設を目的とした視察のため、尾鷲町を来訪し官民の意見を聴取した。

翌大正8年第41回帝国議会において、紀勢線和歌山～相可口間延長340キロメートルの建設が決定された。この年3月ただちに紀勢線の測量が開始され、いよいよ紀勢線は着工される運びとなった。すなわち、東は大正9年相可口より、西は大正10年和歌山より、布設工事が開始された。

このころ各町村では、自村に停車場を設置してほしいという陳情を続けた。船津村でも大正11年6月27日、停車場設置請願を郡長・知事を通じて鉄道大臣に提出している。大正14年10月には、鉄道の早期開通を促進するため「紀勢鉄道促進会」が尾鷲町に発会し、大井順之助町長みずからこの会長となり、猛運動が続けられた。

相可口からの鉄道は「紀勢東線」と名付けられ、順次部分開通をみた。

この工事の最大の難関は、大内山～紀伊長島間の荷坂峠トンネル工事であった。最初の設計は伊勢柏崎から錦浦を経て紀伊長島に出るという案であったが、種々検討の結果、大内山・荷坂峠のコースに決定された。大内山～紀伊長島間11キロ500メートルには、13個所のトンネルがあり、蛸坊主線形をなしている。また、最長の荷坂トンネルから紀伊長島までは、1000分の25という最高勾配が続いている。

この紀勢東線を走った蒸気機関車はC11型、荷坂峠の牽引力は17両という小型のもので、また客車も相可口～大内山間の開通時代は、マッチ箱と通称される不便なものであった。紀伊長島まで開通して、現在のように中央に通路のある木製客車となった。

昭和7年4月26日三野瀬駅が開通し、いよいよ、三野瀬～尾鷲間の工事が開始された。三野瀬～相賀間は第10工

区で、大倉組（現大成建設）が請け負い、昭和7年7月21日着工し、昭和9年3月20日竣工した。相賀～尾鷲間は、第11工区で、この6.7キロメートルをやはり大倉組が、46万7470円で請け負った。この工事は昭和6年10月25日にはじまり、昭和9年4月24日竣工したが、この工区には延長1400メートルの「尾鷲トンネル」があり、大倉組では当時目新しいディーゼルエンジンで掘って注目された。

大倉組には多数の鮮人が使用されていて、昭和7年1月30日、70名の鮮人が賃上げ交渉にさわいで暴力をふるったこともあったが、工事そのものは順調に進み、レールの布設など一切の施設が完備して、昭和9年12月19日、晴れの開通に「船津」「相賀」「尾鷲」の3駅が誕生した。この日、尾鷲港海岸において、盛大な開通式があり、つづいて各種の余興が催され、この開通を喜ぶ声が周囲の山々にこだましました。

（中略）

紀勢線の全通

昭和9年12月19日、紀勢東線は尾鷲駅まで開通し、尾鷲～上木本（熊野市）間は、昭和11年10月16日から省営バスの連絡となった。

尾鷲～木本間は、リアス海岸特有の峻険な山と深い入江の連続で、まれにみる難工事区間であり多額の工費が必要とされた。そのため、省営バスの連絡運輸によって、工事の長期延長が予想された。しかし、省営バスは深山地帯を通過し、沿岸各村の不便の解消にならないので、南牟妻郡の町村長会は、しばしば工事再開の陳情をつづけた。

その効あって、昭和14年3月、木本～新鹿間の工事が再開された。当時の設計は、三木里から亥か谷トンネルを抜き、賀田の旧南輪内中学校付近に出て、東禅寺下の現農道付近に賀田駅を造成し、古川をさかのぼって浅谷からトンネルで二木島に出るという案であった。

そのため、賀田の民家50戸が、昭和14年4月移転させられた。南輪内村では、移転・新築に要する金融や釘・用材の購入斡旋を行なった。昭和14年の工事再開も、今次大戦に突入準備のため、16年3月工事は中止され、紀勢線全通の夢は消えた。

終戦後、全通工事が再開されることになり、昭和22年2月、尾鷲～九鬼間が着工された。しかし、物価は日に日に上昇し、予算にしばられた工事費では工事の進めようもなく、翌23年3月工事は再び中止された。この間に、賀田付近の設計が変更され、現在のごとく曽根地内を通り、曽根太郎坂を抜くことになった。そのため、不要となった鉄道敷地を、元の地主に払い下げるよう、昭和22年7月、浜中宰一氏ほか68名の旧地主が陳情し、鉄道側も払下げに応じたが、昭和14年に賀田の低地に移転した人びとは、昭和19・21年の津波に家屋を流失し、全通のための犠牲は大きかった。

昭和27年4月28日、鉄道建設審議会の答申によって、尾鷲～紀伊木本（熊野市）間の建設が決定され、総工事費として38億円を予定した。この年8月、尾鷲～九鬼間・九鬼～名柄間・紀伊木本～新鹿間の工事が再開された。

昭和28年8月4日、行野地区のトンネル内で25メートルの落盤があり、5名生埋めとなったが、幸いにも4名救助したという事故があった。こうした尊い犠牲者を出して、昭和32年1月12日、大曽根浦駅（無人駅）と九鬼駅が同時開通をした。この日、九鬼駅前広場において、盛大な祝賀式が開催された。この工事の難関は、トンネルの多いことで、1キロメートル以上の行野・白浜の2トンネルがあり、また、九鬼トンネルは1915メートルもある。

昭和31年5月に着工された名柄〜三木里間も、昭和33年3月竣工し、4月23日三木里駅が誕生した。九鬼〜三木里間にも、2605メートルの名柄トンネルがあり、工事は苦労を重ねた。紀伊木本〜新鹿間は、昭和31年4月1日に開通しているので、紀勢線の未開通区間は、三木里〜新鹿間のみとなった。

この未開通区間は、昭和30年12月に着工された。ここには峻険な亥か谷山・曽根太郎坂・逢神坂があり、紀勢線で1番長いトンネルが掘られた。亥か谷トンネルは2839メートル、曽根トンネルは2933メートル、逢神坂トンネルは2534メートルもある。

昭和34年5月、尾鷲〜熊野市間の工事が竣工し、7月15日賀田駅と二木島駅が同時に開通して紀勢線は全通した。この日、国鉄十河総裁が、尾鷲駅で開通のテープを切り、祝賀列車の那智号がディーゼル機関車によって初運転を開始した。尾鷲〜熊野市間の34キロ234メートルは、長いトンネルの連続で、総工費は、昭和27年工事再開以来、63億1714万円を要した。明治25年帝国議会において、紀勢線が策定されてから68年目の開通で、はじめて汽車を見るという老人たちが沿線を埋めて那智号を歓迎した。

紀勢線の全通によって、新宮〜東京間の所要時間が、13時間から9時間半となり、尾鷲〜天王寺間（新宮経由）の所要時間が、17時間半から7時間に短縮された。この全通によって、陸の孤島と呼ばれた当地方に文化の光明がさし、地元へおよぼした効果は非情に大きい。物資の円滑な輸送により、地方産業経済の伸長が促進され、また、南紀観光が大きくクローズアップされた。全通以来、尾鷲市内各駅の利用者も年ごとに増加した。

市史、町史のまとめは編集部作成。

辻 良樹（つじ よしき）

1967（昭和42）年1月、滋賀県生まれ。東海道本線を走る国鉄時代の列車を見て育つ。北海道から沖縄まで全国を旅する。東京にて鉄道や旅行関係のPR誌編集を経て鉄道フォトライターに。著書に『関西 鉄道考古学探見』『にっぽん列島車両図鑑』（ともに、JTBパブリッシング）『知れば知るほど面白い西武鉄道』（洋泉社）など多数。『北海道の廃線記録』を第一弾から執筆、また『北海道の国鉄アルバム』（ともに、フォト・パブリッシング）も上巻から執筆。『昭和～平成 京阪電気鉄道沿線アルバム』（アルファベータブックス）他著書多数。古きよき時代の鉄道考察をライフワークとし、国鉄時代の列車や駅、旅模様や歴史などを様々な媒体で執筆している。現在は、生まれ育った滋賀県に拠点を移して活動。滋賀の鉄道に関する写真個展や地域誌への執筆、資料収集、廃線跡ツアーやカルチャーセンターでの講師、自治体などの講演活動なども行っている。

【写真撮影・提供】

小川峯生、荻原二郎、荻原俊夫、辻阪昭浩、野口昭雄、長谷川明、諸河 久、安田就視、吉村光夫
大浦浩一（諸河久フォト・オフィス）
荒川好夫・河野 豊・高木英二（RGG）
J.WALLY HIGGINS（名古屋レール・アーカイブス所蔵）
PIXTA（P20下、P29下、P30下、P34下、P35下、P42上、P43上・中、P56～57、P75上・下、P84下、P85下、
　　　　P92下、P93下、P103下、P111上、P120～121、P144下、P145下）
朝日新聞社

阪和線、紀勢本線
1960～2000年代の思い出アルバム

発行日……………………2022年4月5日　第1刷　※定価はカバーに表示してあります。

著者…………………………辻 良樹
発行者………………………春日俊一
発行所………………………株式会社アルファベータブックス
　　　　　　　　　　　　〒102-0072　東京都千代田区飯田橋 2-14-5 定谷ビル
　　　　　　　　　　　　TEL.03-3239-1850　FAX.03-3239-1851
　　　　　　　　　　　　https://alphabetabooks.com/

編集協力……………………株式会社フォト・パブリッシング
デザイン・DTP………柏倉栄治
印刷・製本……………………モリモト印刷株式会社